12 LIÇÕES DA HISTÓRIA

WILL e ARIEL DURANT

12 LIÇÕES
DA HISTÓRIA

Tradução:
Mario Bresighello

COPYRIGHT © 1968 BY WILL AND ARIEL DURANT
COPYRIGHT RENEWED © 1996 BY MONICA ARIEL MIHELL AND WILL JAMES DURANT EASTON
PUBLISHED BY ARRANGEMENT WITH THE ORIGINAL PUBLISHER, SIMON & SCHUSTER, INC.
COPYRIGHT © FARO EDITORIAL, 2018

Todos os direitos reservados.
Nenhuma parte deste livro pode ser reproduzida sob quaisquer meios existentes sem autorização por escrito do editor.

Diretor editorial **PEDRO ALMEIDA**
Preparação **TUCA FARIA**
Revisão **BARBARA PARENTE**
Capa e diagramação **OSMANE GARCIA FILHO**
Imagem de capa © **EVERETT HISTORICAL | SHUTTERSTOCK**

Dados Internacionais de Catalogação na Publicação (CIP)
(Câmara Brasileira do Livro, SP, Brasil)

Durant, Will, 1885-1981.
    12 lições da história / Will Durant, Ariel Durant ; [tradução Mario Bresighello]. — 1. ed. — Barueri : Faro Editorial, 2018.

    Título original: The lessons of history.
    ISBN: 978-85-9581-018-1

    1. História - Filosofia 2. Historiografia – História I. Durant, Ariel. II. Título.

18-13623   CDD-901

Índice para catálogo sistemático:
1. História : Filosofia 901

1ª edição brasileira: 2018
Direitos de edição em língua portuguesa, para o Brasil, adquiridos por **FARO EDITORIAL**

Avenida Andrômeda, 885 — Sala 310
Alphaville — Barueri — SP — Brasil
CEP: 06473-000
www.faroeditorial.com.br

SUMÁRIO

PREFÁCIO 7
INTRODUÇÃO | HESITAÇÕES 9

1 A HISTÓRIA E A TERRA 13

2 BIOLOGIA E HISTÓRIA 17

3 RAÇA E HISTÓRIA 25

4 CARÁTER E HISTÓRIA 33

5 MORAL E HISTÓRIA 39

6 RELIGIÃO E HISTÓRIA 45

7 ECONOMIA E HISTÓRIA 55

8 SOCIALISMO E HISTÓRIA 63

9 GOVERNO E HISTÓRIA 73

10 HISTÓRIA E GUERRA 87

11 CRESCIMENTO E DECADÊNCIA 93

12 O PROGRESSO É REAL? 103

NOTAS 111
GUIA PARA OS LIVROS MENCIONADOS NAS NOTAS 115
ÍNDICE REMISSIVO 117

PREFÁCIO

*Mulher entrega flores a soldado alemão que parte rumo à
Primeira Guerra Mundial, 1914.*

APÓS CONCLUIRMOS A *HISTÓRIA DA CIVILIZAÇÃO*
até 1789, relemos os dez volumes com a intenção de publicar uma edição revisada que corrigiria os múltiplos erros factuais, por omissão e de impressão. Ao longo desse processo, notamos acontecimentos e observações que poderiam iluminar questões do presente, probabilidades futuras, a natureza do homem e a atuação dos Estados. (As referências, no texto, aos vários volumes de *História* são apresentadas não como argumento de autoridade, mas como exemplos ou formas de esclarecimento.) Tentamos postergar as conclusões até termos

completado a pesquisa do texto, mas não há dúvida de que nossas opiniões preexistentes influenciaram a seleção do material ilustrativo. Este ensaio é o resultado. Ele repete muitas ideias que nós, ou outros, já havíamos expressado; nossa intenção não é ser originais, mas abrangentes; sugerimos um levantamento sobre a experiência humana, não uma revelação pessoal.

Aqui, como tantas vezes antes, devemos agradecer o auxílio e os conselhos de nossa filha Ethel.

WILL e ARIEL DURANT

INTRODUÇÃO

Crescimento e decadência

Afresco do Palazzo Vechio construído no fim do século XIII, em Florença, na Itália.

À MEDIDA QUE SEUS ESTUDOS CHEGAM AO FIM, O historiador tem de encarar um desafio: para que serviu todo esse trabalho? Você encontrou naquilo somente o prazer de recontar a ascensão e queda de nações e ideias, de descrever de novo "histórias tristes da morte de reis"? Aprendeu mais acerca da natureza humana do que o homem comum aprenderia sem nunca abrir um livro? Conseguiu obter da história algum esclarecimento de nossa situação atual, alguma orientação para nossos julgamentos e políticas, alguma proteção à rejeição contra a surpresa e aos revezes da mudança? Encontrou certas regularidades na sequência de fatos passados que permitam prever ações futuras dos homens ou até o destino dos países? É possível que, afinal, "a história não tenha sentido",[1] que não nos ensine nada e que o vasto passado tenha sido apenas um ensaio fatigante dos erros que o futuro está destinado a cometer em estágio e escala maiores?

Às vezes, sentimos exatamente isso, e uma multidão de dúvidas assola nossa empreitada. Para começo de conversa, sabemos de fato como era o passado, o que realmente aconteceu, ou a história é "uma fábula" com a qual "nem todos concordam"?* Nosso conhecimento de qualquer acontecimento passado é sempre incompleto, possivelmente impreciso, ofuscado por evidências ambivalentes ou historiadores preconceituosos, e talvez até distorcidos pelo nosso patriotismo e por nosso partidarismo religioso. "Grande parte da história é adivinhação, o resto é preconceito."[2] Mesmo o historiador que acredita não ser parcial em relação a seu país, raça, credo ou classe denuncia sua predileção na escolha de materiais e nas nuances dos adjetivos que adota. "O historiador sempre simplifica em excesso e escolhe apressadamente uma minoria maleável de fatos e de indivíduos em meio a uma multidão de pessoas e acontecimentos cuja colossal complexidade ele jamais pode abarcar ou compreender."[3] Mais uma vez, nossas conclusões sobre o passado e o futuro tornam-se mais arriscadas do que nunca por causa da aceleração das mudanças. Em 1909, Charles Péguy afirmou: "O mundo mudou menos desde Jesus Cristo do que nos últimos 30 anos."[4] Talvez algum PHD em física acrescentaria que a ciência mudou mais a partir de 1909 do que em qualquer período anterior. Todo ano — algumas vezes, nas guerras, a cada mês — uma nova invenção, método ou situação força um novo ajuste de comportamento e de ideias. Além disso, um elemento do acaso, talvez da liberdade, parece interferir na

---

* Referência à célebre frase de Napoleão Bonaparte: "O que é a história senão uma fábula com a qual todos concordam?"

conduta de máquinas e homens. Não temos tanta certeza de que os átomos, muito menos os corpos, agirão no futuro da mesma forma que nós pensamos que agiram no passado. Os elétrons, assim como o Deus de Cowper, movem-se de maneira misteriosa para realizar suas maravilhas,* e alguns equívocos de personagens ou circunstâncias podem desestabilizar equações nacionais, como quando Alexandre bebeu até morrer, deixando assim seu império ruir (323 A.C.), ou quando Frederico, o Grande, foi salvo da catástrofe graças à ascensão de um czar simpatizante com a causa da Prússia (1762).

Obviamente, a historiografia não pode ser uma ciência. Só pode ser um ramo, uma arte e uma filosofia — um ramo que desvenda os fatos, uma arte que impõe uma ordem significativa no caos dos materiais, uma filosofia que procura perspectivas e esclarecimentos. "O presente é o passado que chega para a ação, o passado é o presente aberto à compreensão"[5] — assim acreditamos e esperamos. Na filosofia, tentamos ver a parte à luz do todo; na "filosofia da história" tentamos ver este momento à luz do passado. Sabemos que, em ambos os casos, isto é perfeito, mas impossível: a perspectiva total é uma ilusão de óptica. Não conhecemos o todo da história humana. Provavelmente, houve muitas civilizações anteriores aos sumérios e aos egípcios — nós mal começamos a escavar! Temos de trabalhar com conhecimentos parciais e nos contentar com probabilidades. Em história, assim como na ciência e na política, a relatividade determina, e toda fórmula deve ser posta sob suspeita. "A história ri de toda tentativa de enquadrar seus fluxos em padrões teóricos ou ritmos lógicos. Ela destrói nossas generalizações, viola nossas regras. A história é barroca."[6] Talvez, dentro desses limites, possamos aprender com a história a suportar a realidade com paciência e a respeitar nossas desilusões.

---

* Do primeiro verso do poema "God Moves in a Mysterious Way" [Deus se move de maneira misteriosa] do poeta inglês William Cowper (1731—1800). (N. do T.)

Uma vez que o homem é um instante no tempo astronômico, um convidado transitório da Terra, um esporo da espécie, um rebento da raça, um composto de corpo, caráter e mente, um membro da família e da comunidade, um crente ou incrédulo da fé, uma unidade em uma economia, talvez um cidadão de um país ou um soldado de um exército, podemos questionar nos campos maiores — astronomia, geologia, geografia, biologia, etnologia, psicologia, moral, religião, economia, política e guerra — o que a história tem a dizer sobre a natureza, a conduta e as perspectivas do homem. Trata-se de uma empreitada precária, e só um tolo tentaria incluir cem séculos em cem páginas de conclusões apressadas. Sigamos em frente!

1
A História e a Terra

Relíquia do Mausoléu de Halicarnasso (uma das 7 maravilhas do mundo antigo) representando a batalha entre três gregos e duas amazonas.

VAMOS DEFINIR A HISTÓRIA, EM SUA PROBLEMÁTICA duplicidade, como acontecimentos ou registros do passado. A história humana é um ponto mínimo no espaço, e a primeira lição que ela nos ensina é a modéstia. A qualquer momento, um cometa pode chocar-se com a Terra, virar nosso pequeno planeta de ponta-cabeça e lançá-lo numa rota maluca, ou asfixiar homens e pulgas com fumaça e calor. Ou um fragmento do sol sorridente pode se desprender do astro tangencialmente — como se acredita que nosso planeta tenha feito há poucos instantes astronômicos — e cair sobre nossa cabeça em um abraço selvagem que só causará sofrimento e dor. Em nosso caminho, aceitamos estas possibilidades e respondemos ao cosmo com as palavras de Pascal: "Mesmo que o universo o tivesse esmagado, o homem ainda permaneceria mais nobre do que aquele que o matou, pois ele sabe que morre, mas o Universo nada sabe de sua vitória."[1]

A história obedece à geologia. Todo dia o mar avança um pouco sobre a terra, ou a terra sobre o mar; cidades desaparecem sob as águas, e catedrais submersas badalam seus sinos de melancolia. Montanhas sobem e descem no ritmo da emergência e da erosão; rios aumentam e transbordam, ou secam e mudam seus cursos; vales transformam-se em desertos, e istmos, em estreitos. Da perspectiva geológica, toda a superfície da Terra é uma forma fluida, e o homem se move sobre ela de maneira tão insegura quanto Pedro caminhando nas águas em direção a Cristo.

O clima não nos controla tão severamente quanto supunham Montesquieu e Buckle, mas ele nos limita. A engenhosidade do homem quase sempre supera as dificuldades geológicas: ele pode irrigar desertos e refrigerar o Saara; pode abaixar ou erguer montanhas e sulcar colinas para plantar vinhas; pode construir cidades flutuantes para atravessar oceanos ou construir pássaros voadores para navegar nos céus. Porém, um tornado pode destruir em uma hora a cidade que levou um século para ser construída, um iceberg pode tombar ou partir o palácio flutuante e matar afogados milhares de festeiros. Caso a chuva se torne algo muito brando e raro, a civilização desaparecerá sob a areia, como acontece na Ásia Central; e caso comece a chover furiosamente, a civilização será sufocada pela selva, como na América Central. Se a temperatura média subir 20° nas zonas mais desenvolvidas do planeta, é bem provável que retornemos à letargia selvagem. Em um país de clima subtropical, as pessoas podem se reproduzir como formigas, mas o calor enervante pode deixá-lo à mercê de guerreiros vindos de habitats mais estimulantes. Gerações inteiras

A HISTÓRIA E A TERRA

aprimoram habilidades para dominar a Terra, mas estão destinadas a se tornar fósseis sob seu solo.

A geografia é a matriz da história, sua mãe nutritiva e seu espaço ordenador. Os rios, lagos, oásis e oceanos atraíram povoadores para suas margens, pois a água garante a vida das pessoas e das cidades, e oferece um meio sem custo para o transporte e para o comércio. O Egito era "um presente do Nilo" e a Mesopotâmia construiu sucessivas civilizações "entre os rios" e ao longo de seus afluentes. A Índia era a filha do Indo, do Bramaputra e do Ganges; a China deve sua vida e seus infortúnios a grandes rios que (como nós) crescem para além de seus leitos e fertilizam as áreas circundantes com suas enchentes. A Itália ornamentou os vales do Tibre, do Arno e do Pó. A Áustria cresceu às margens do Danúbio; a Alemanha, ao longo do Elba e do Reno; a França, ao longo do Ródano, do Líger e do Sena. Petra e Palmira eram abastecidas por oásis no deserto.

Quando os gregos tornaram-se muito numerosos para suas fronteiras, fundaram colônias no Mediterrâneo ("como sapos ao redor de uma poça", disse Platão)[2] e no Mar Negro. Por dois mil anos — da Batalha de Salamina (480 A.C.) até a derrota da Invencível Armada (1588) — as margens norte e sul do Mediterrâneo foram o palco das rivalidades da ascendência do homem branco. Mas depois de 1492, das viagens de Cristóvão Colombo e Vasco da Gama, os homens foram impelidos a desbravar os oceanos. A soberania do Mediterrâneo foi desafiada, Gênova, Pisa, Florença e Veneza entraram em decadência, o Renascimento também começou a declinar, as nações do Atlântico surgiram e então espalharam sua suserania sobre meio mundo. "O Império toma seu rumo para o oeste", escreveu George Berkeley por volta de 1730. Ele continuará pelo Pacífico, levando produtos industriais e comerciais da Europa e dos Estados Unidos para a China, como aconteceu antes com o Japão? A fertilidade oriental, operando com tecnologia ocidental de ponta, trará o declínio do Ocidente?

A invenção do avião alterará, de novo, o mapa da civilização. As rotas comerciais cada vez menos utilizarão rios e mares. Pessoas e mercadorias chegarão a seus destinos pelo ar. Países como a Inglaterra e a França perderão a vantagem comercial do domínio das costas marítimas convenientemente recortadas. Países como a China, a Rússia e o Brasil, que eram prejudicados pela vasta extensão de terra em suas costas, reduzirão parte dessa dificuldade utilizando o ar. As cidades costeiras arrecadarão menos com a atividade canhestra de transferir bens de navios para trens ou de trens para navios. Quando o poder marítimo der lugar ao poder aéreo, no transporte e na guerra, estaremos diante de uma revolução fundamental na história.

A influência dos fatores geográficos diminui à medida que a tecnologia se desenvolve. As características e o contorno de um terreno podem oferecer oportunidades para agricultura, mineração ou atividade comercial, mas apenas a imaginação e a iniciativa de líderes, e a robusta indústria de seguidores, podem transformar as possibilidades em fatos. E somente uma combinação parecida (como em Israel hoje) pode fazer uma cultura tomar forma sobre milhares de obstáculos naturais. O homem, não a Terra, faz a civilização.

2
Biologia e História

Os gabinetes de curiosidades eram chamados de quartos das maravilhas, onde se colecionava uma multiplicidade de objetos raros ou estranhos, frutos das explorações, pertencentes a três ramos da biologia: animal, vegetal e mineral.

A HISTÓRIA É UM FRAGMENTO DA BIOLOGIA: a vida do homem é uma porção de alterações de organismos na terra e no mar. Às vezes, passeando sozinhos pelos bosques num dia de verão, escutamos e vemos o movimento de centenas de espécies voadoras e outras que pulam, rastejam e cavam o chão. Os animais assustados correm de nós, os pássaros põem-se em fuga e os peixes se dispersam nos riachos. Imediatamente percebemos a que minoria perigosa pertencemos neste planeta imparcial e, por um momento, sentimos, do mesmo jeito que esses outros habitantes sentem, o quão intrusos somos em seu habitat natural. Então, todas as notícias e realizações do homem caem humildemente na história e na perspectiva da vida polimorfa; toda competição econômica, nossa luta por companheiros, a fome, nossos amores, o sofrimento e a guerra são semelhantes à busca, ao companheirismo, ao esforço e sofrimento que se escondem sob essas árvores e folhas caídas no chão ou penduradas nos galhos.

Portanto, as leis da biologia são lições fundamentais de história. Estamos sujeitos aos processos e às provas da evolução, à luta pela existência e a sobrevivência dos mais aptos a sobreviver. Se algum de nós parece escapar da disputa ou das provas é porque nosso grupo nos protege; mas o próprio grupo deve enfrentar e vencer os testes de sobrevivência.

Logo, a primeira lição biológica da história é que a vida é competição. A competição não é apenas a vida do comércio, é o comércio da vida — pacífico quando o alimento é abundante, violento quando as bocas são em número maior do que a comida. Os animais comem uns aos outros sem escrúpulos; homens civilizados consomem uns aos outros por meio de processos legais. A cooperação é real e aumenta com o desenvolvimento social, mas principalmente porque se trata de uma ferramenta e uma forma de competição; nós cooperamos com nosso grupo — nossa família, nossa comunidade, clube, igreja, partido, "raça" ou país — para fortalecê-lo na competição com outros grupos. Grupos que competem possuem as qualidades dos indivíduos que competem: ganância, combatividade, partidarismo, orgulho. Nossos países, como uma multiplicação de nós mesmos, são o que somos; eles refletem nossa natureza em negrito, e representam nossa bondade e nossa maldade numa escala enorme. Somos gananciosos e competitivos porque em nosso sangue há a memória de milênios durante os quais nossos ancestrais tiveram de perseguir, lutar e matar para sobreviver, e tiveram de comer até o máximo da capacidade do estômago com medo de não encontrar logo outra presa. A guerra é a maneira de comer de um país. Promove a cooperação porque é a melhor forma de competição. Até tornarem-se membros de um grande grupo protetor, nossos países continuarão a agir como indivíduos e famílias no estágio da caça.

A segunda lição biológica da história é que a vida é seleção. Na competição por comida, companheiros ou poder, uns têm sucesso, outros não. Na luta pela sobrevivência, alguns indivíduos são mais dotados do que outros para superar as provas do processo. Uma vez que a Natureza (cujo significado aqui é a realidade total e seus processos) não leu com atenção a Declaração de Independência Americana ou a Declaração dos Direitos do Homem da Revolução Francesa, todos nós nascemos livres e desiguais: estamos sujeitos à nossa hereditariedade física e psicológica, aos costumes e tradições de nosso grupo, dotados de maneira diferente de saúde e força, capacidade mental e qualidade de caráter. A Natureza adora a diferença como material necessário da seleção e da evolução; gêmeos idênticos diferem de muitas maneiras, e uma ervilha nunca é igual a outra.

A desigualdade não é só natural e inata, ela aumenta com a complexidade da civilização. As desigualdades hereditárias criam desigualdades sociais e artificiais. Toda invenção ou descoberta é feita ou desenvolvida pelo indivíduo excepcional e torna o forte mais forte e o fraco relativamente mais fraco do que antes. O desenvolvimento econômico especializa funções, diferencia habilidades e faz os homens serem desigualmente valiosos a seus grupos. Se conhecêssemos muito bem nossos companheiros, poderíamos selecionar 30% deles cujas habilidades somadas poderia equivaler a todo o resto. A vida e a história fazem precisamente isso, com a sublime injustiça remanescente do Deus de Calvino.

A Natureza sorri para a união da liberdade com a igualdade em nossas utopias. Pois liberdade e igualdade são inimigas confessas desde sempre e para sempre, e quando uma delas prevalece, a outra desaparece. Deixe os homens livres e suas desigualdades naturais se multiplicarão quase geometricamente, como na Inglaterra e nos Estados Unidos no século XIX sob o *laissez-faire*. Para verificar o crescimento da desigualdade, a liberdade deve ser sacrificada, como na Rússia depois de 1917. Mesmo quando reprimida, a desigualdade cresce. Só os homens abaixo da média em habilidade econômica desejam a igualdade; já os cientes de sua habilidade superior desejam a liberdade e, no fim, a habilidade superior tem seu caminho. Utopias de igualdades estão biologicamente condenadas, e o melhor que o afável filósofo pode esperar é uma igualdade aproximada nos processos jurídicos e nas oportunidades de educação. Uma sociedade em que todas as habilidades potenciais podem se desenvolver e funcionar terá vantagem de sobrevivência na competição entre grupos. Essa competição torna-se mais grave à medida que a redução das distâncias intensifica o confronto entre os países.

A terceira lição biológica da história é que a vida deve se reproduzir. A Natureza não tem utilidade para organismos, variantes ou grupos que não podem se reproduzir abundantemente. Ela é apaixonada por quantidade como pré-requisito para a seleção da qualidade. Gosta de grandes ninhadas e aprecia a luta que determina os poucos sobreviventes. Não há dúvida de que ela olha com aprovação para os milhões de espermatozoides que nadam contra a corrente para fertilizar um óvulo. Ela está mais interessada em espécies que em indivíduos, e não diferencia civilização de barbárie. A ela não interessa que alta taxa de natalidade esteja associada a uma civilização com baixo grau de cultura, e que uma baixa taxa de natalidade seja comum em uma civilização com alto grau de cultura. Ela (cujo significado aqui é a Natureza como os processos de nascimento, mudança, competição, seleção e sobrevivência) acredita que uma nação com baixa taxa de natalidade possa ser periodicamente castigada por um grupo mais viril e mais fértil. A Gália sobreviveu aos germânicos com a ajuda das legiões romanas enviadas por Júlio César e com o auxílio da Inglaterra e dos Estados Unidos no século XX. Quando o Império Romano ruiu, os francos correram da Alemanha e fundaram a Gália França; caso a Inglaterra e os Estados Unidos caiam, a França, cuja população permaneceu constante no século XIX, poderá ser novamente invadida.

Se o número de humanos é muito maior do que a oferta de comida, a Natureza tem três agentes para restaurar o equilíbrio: a fome, a peste e a guerra. No famoso *Ensaio sobre a população* (1798), Thomas Malthus explicou que, sem esses controles periódicos, a taxa de natalidade excederia a taxa de mortalidade, e a multiplicação de bocas a serem alimentadas anularia qualquer aumento na produção de alimentos. Embora fosse um clérigo e um homem de boa vontade, Malthus indicou que a criação de fundos de socorro e suprimento para os pobres os encorajou a se casar mais cedo e a fazerem filhos sem pensar, o que acabou tornando o problema ainda pior. Na segunda edição (1803), ele aconselhava a abstenção do coito a não ser para reprodução, e se recusou a aprovar outros métodos anticoncepcionais. Por ter pouca esperança na aceitação de seu conselho de santidade, previu que o equilíbrio entre bocas e alimentos seria mantido no futuro, assim como no passado, pela fome, pela peste e pela guerra.

Os avanços da tecnologia na agricultura e na contracepção no século XIX aparentemente refutaram as teorias de Malthus: na Inglaterra, nos Estados Unidos, na Alemanha e na França a oferta de alimentos acompanhou o ritmo dos nascimentos, e a evolução do padrão de vida fez avançar a idade de casamento e diminuir o tamanho da família. A multiplicação dos consumidores foi também a multiplicação dos produtores: novas "mãos" prepararam novas terras para o cultivo de alimentos. O recente espetáculo do Canadá e dos Estados Unidos, que exportam milhões de alqueires de milho ao mesmo tempo que abastecem seus mercados domésticos, seria uma resposta viva para Malthus. Se a tecnologia da agricultura fosse adotada em todos os países, o planeta poderia alimentar o dobro de pessoas de sua população atual.

Malthus responderia, claro, que essa solução apenas posterga a calamidade. Há um limite para a fertilidade do solo; todo avanço tecnológico é mais cedo ou mais tarde cancelado pelo número de nascimentos superior ao de mortes, ao mesmo tempo que a medicina, o saneamento e a caridade anulam a seleção quando deixam os mais fracos viver e se multiplicar. Para o que a esperança responde: os avanços da indústria, a urbanização, a educação, o padrão de vida, em países que hoje assustam o mundo com sua taxa de natalidade, provavelmente terão os mesmos efeitos lá, ao reduzirem a natalidade, como aconteceu na Europa e nos Estados Unidos. Até que se alcance o equilíbrio entre produção e reprodução, terá de ser um ditame para a humanidade disseminar o conhecimento e os meios de contracepção. Idealmente, a paternidade e a maternidade deveriam ser um privilégio da saúde, e não um subproduto da agitação sexual.

Há alguma evidência de que o controle da natalidade seja disgênico — ou seja, que diminua o nível intelectual dos habitantes da nação que o pratica? Supostamente, ele tem sido usado mais pelos inteligentes do que pelos menos dotados, e o trabalho dos educadores parece ser aparentemente inutilizado pela fertilidade dos desinformados. Mas muito do que chamamos inteligência é o resultado da educação individual, das oportunidades e da experiência, e não há evidência de que essas aquisições intelectuais sejam transmitidas geneticamente. Os filhos dos PHDS também precisam ser educados, ter os sarampos da vida e passar pelos erros da adolescência, pelos dogmas e por todos os "ismos" do mundo; nem podemos afirmar quanta capacidade e quantos genes de genialidade escondem-se nos cromossomos dos pobres assediados ou deficientes. Do ponto de vista biológico, a vitalidade física pode ser, no nascimento, mais importante do que o pedigree intelectual. Nietzsche pensou que o melhor sangue da Alemanha circulava nas veias dos camponeses. Os filósofos não são o melhor material a partir do qual se possa criar uma raça.

A limitação familiar desempenhou um papel na história da Grécia e de Roma. É divertido saber que Júlio César oferecia (59 A.C.) recompensas para os romanos que tivessem muitos filhos e proibia

BIOLOGIA E HISTÓRIA

mulheres sem filhos de andar nas liteiras e usar joias. Augusto restabeleceu a mesma campanha 40 anos depois, com as mesmas recompensas. O controle da natalidade continuou a se espalhar nas classes mais altas à medida que imigrantes chegavam do norte da Alemanha e do leste da Grécia ou do Oriente semítico, reabastecendo e alterando a população da Itália.[1] Muito provavelmente, tal mudança étnica reduziu a capacidade ou a vontade dos habitantes locais de resistir à incompetência governamental e ao ataque externo.

Nos Estados Unidos, a baixa taxa de natalidade dos anglo-saxões reduziu seu poder econômico e político, ao passo que a alta taxa de natalidade dos católicos sugere que, por volta do ano 2000, a Igreja Católica Apostólica Romana será a força dominante no país e nos governos municipais e estaduais. Um processo desse tipo está ajudando a restaurar o catolicismo na França, na Suíça e na Alemanha: as terras de Voltaire, Calvino e Lutero logo retornarão ao domínio papal. Assim, a taxa de natalidade, como a guerra, pode determinar o destino das teologias; do mesmo modo que a derrota dos muçulmanos em Tours (732) impediu que a Bíblia fosse substituída pelo Alcorão na França e na Espanha. Então, a organização superior, a disciplina, a moralidade, a fidelidade e a fertilidade dos católicos podem anular a Reforma Protestante e o Iluminismo francês. Não há um comediante como a história.

3
Raça e História

Prática existente entre os mais diferentes povos, em todas as regiões do planeta, há registros de escravidão desde as épocas mais remotas.

HÁ CERCA DE 2 BILHÕES DE PESSOAS NÃO BRANCAS na Terra e cerca de 900 milhões de brancos. No entanto, muitos caras-pálidas se deleitaram quando o conde Joseph Arthur de Gobineau, no *Ensaio sobre a desigualdade das raças humanas* (1853-1855), anunciou que a espécie humana é composta de raças distintas inerentemente diferentes (como indivíduos) em estrutura física, capacidade mental e qualidades de caráter, e que uma raça, a "ariana", era, por natureza, superior a todas.

Tudo de importante, nobre ou frutífero nas obras do homem neste planeta, na ciência, na arte e na civilização, vem de um único ponto de partida e é o desenvolvimento de um único germe; [...] pertence a uma única família, cujos diferentes ramos reinaram em todos os países civilizados do universo. [...] A história mostra que a civilização origina-se da raça branca, a única que pode existir sem sua ajuda, e que uma sociedade excele e brilha na medida em que preserva o sangue do nobre grupo que a criou.[1]

As vantagens ambientais (argumentava Gobineau) não podem explicar o nascimento da civilização, pois o mesmo tipo de meio ambiente (por exemplo, rios que fertilizam terras) que irrigou as terras do Egito e do Oriente Médio não produziu uma civilização de índios na América do Norte, apesar de eles viverem em uma terra fértil repleta de magníficos rios. Instituições também não criam uma civilização, já que podem se desenvolver sob uma diversidade de instituições que são até mesmo contrárias, como o Egito monárquico e a Atenas "democrática". O desenvolvimento, o sucesso, o declínio e a queda de uma civilização dependem da qualidade inerente da raça. A degeneração de uma civilização é o que a própria palavra indica — a separação do gênero, do tronco ou raça. "Os povos se degeneram apenas em consequência das várias misturas de sangue a que se submetem".[2] Frequentemente, isso acontece por meio do casamento inter-racial entre a raça dominante e a que foi conquistada. Daí a superioridade dos brancos nos Estados Unidos e no Canadá (onde não houve casamento inter-racial com os índios) em relação aos brancos da América Latina (onde houve). Apenas aqueles que são um produto dessas misturas enfraquecedoras falam de igualdade de raças ou pensam que "todos os homens são irmãos".[3] Todas as grandes personalidades, todos os grandes povos são conscientes de sua raça e são instintivamente avessos ao casamento fora de seu grupo racial.

Em 1899, Houston Stewart Chamberlain, um inglês que adotou a Alemanha como lar, publicou *Die Grundlagen des neunzehnten Jahrhunderts* [Os fundamentos do século XIX], em que afirmava ser a raça ariana uma criação dos teutões: "A verdadeira história começa quando o alemão, com sua mão poderosa, apreende a herança da antiguidade." A face de Dante atingiu Chamberlain como genuinamente alemã; ele pensou ter ouvido inconfundíveis sotaques alemães na epístola de São Paulo aos gálatas e, embora não estivesse certo de que Cristo fosse alemão, acreditava: "Quem afirma que Cristo era judeu é ignorante ou desonesto."[4] Para Treitschke* e Bernhardi,** os alemães eram o melhor povo moderno. Wagner aplicou a teoria à música. Alfred Rosenberg fez do sangue e do solo alemães o inspirador "mito do século XX". E Adolf Hitler, nessas bases, despertou os alemães para matar um povo e empreender a conquista da Europa.

O americano Madison Grant, em *The Passing of the Great Race* [A queda da grande raça], de 1916, limitou as realizações da civilização ao ramo dos arianos que chamou de "nórdicos" — escandinavos, eslavos, alemães bálticos, ingleses e americanos anglo-saxões. Gelada por causa da rigidez do inverno do norte, alguma tribo dessas "bestas loiras" de olhos azuis varreu a Rússia e os Bálcãs para o letárgico e preguiçoso sul em uma série de conquistas que marcaram o início da história. De acordo com Grant, os "sacae" (os citas)*** invadiram a

---

* Heinrich Gotthard von Treitschke (1834-1896) foi um historiador alemão, membro do Partido Liberal Nacional no Reichstag (Parlamento Alemão). Ele favoreceu o colonialismo alemão e se opôs ao Império Britânico, aos católicos, aos poloneses e socialistas dentro da Alemanha.
** Friedrich Adolf Julius von Bernhardi (1849-1930) foi um historiador, escritor e militar prussiano, e o maior best-seller antes da Primeira Guerra Mundial. Seu livro *Deutschland und der Nächste Krieg* [A Alemanha e a próxima guerra], de 1911, afirmava que os alemães eram guerreiros implacáveis e não meros fantoches de seus líderes, obra que teve grande influência sobre Adolf Hitler.
*** Os citas eram um antigo povo iraniano de pastores nômades equestres que dominaram a estepe pôntico-cáspia, conhecida como Cítia na época, por toda a Antiguidade Clássica.

Índia, criaram o sânscrito como uma língua indo-europeia e o sistema de castas para impedir sua deterioração, que se daria por meio do casamento inter-racial com nativas morenas. Os cimérios povoaram o Cáucaso até a Pérsia, os frígios, a Ásia Menor, os aqueus e os dórios, a Grécia e a ilha de Creta, os umbros e os oscos, a Itália. Em todo lugar, os nórdicos eram aventureiros, guerreiros, disciplinadores. Eles sujeitaram ou escravizaram os temperamentais, instáveis e indolentes povos "mediterrâneos" do Sul e casaram-se com o povo da zona intermediária, os quietos e aquiescentes "alpinos", para produzir os atenienses do apogeu de Péricles e os romanos da República. Os dórios casaram-se menos e tornaram-se os espartanos, uma casta guerreira nórdica que governou escravos mediterrâneos. O casamento inter-racial enfraqueceu e abrandou o ramo na Ática, e levou à derrota de Atenas por Esparta na Guerra do Peloponeso e à subjugação da Grécia pelos nórdicos mais puros da Macedônia e da República de Roma.

Em outra inundação de nórdicos — da Escandinávia e do norte da Alemanha —, os godos e vândalos conquistaram a Roma imperial; os anglos e os saxônios conquistaram a Inglaterra e deram a ela um novo nome; os francos conquistaram a Gália e deram a ela seu nome. Depois, os normandos nórdicos conquistaram a França, a Inglaterra e a Sicília. Os lombardos nórdicos espalharam suas longas barbas pela Itália, casaram-se lá e vitalizaram Milão e Florença até o Renascimento. Os nórdicos varangianos conquistaram a Rússia e a governaram até 1917. Nórdicos ingleses colonizaram a América e a Austrália, conquistaram a Índia e deixaram suas sentinelas nos principais portos da Ásia.

Em nosso tempo (Grant lamentaria), esta raça nórdica está cessando seu controle. Perdeu sua posição na França em 1789; como Camille Desmoulins* disse ao público de seu café, a revolução era uma revolta de indígenas galeses ("alpinos") contra os francos teutões que

---

* O advogado, jornalista e revolucionário francês Lucie-Simplice-Camille-Benoist Desmoulins (1760—1794) foi o melhor amigo de Robespierre. (N. do T.)

os haviam subjugado com Clóvis e Carlos Magno. As Cruzadas, a Guerra dos Trinta Anos, as Guerras Napoleônicas e a Primeira Guerra Mundial depauperaram o ramo nórdico e o deixaram muito delgado para resistir à alta natalidade dos povos alpinos e mediterrâneos na Europa e na América. Grant previa que, por volta do ano 2000, os nórdicos cairiam do poder e, com sua queda, a civilização ocidental teria desaparecido numa nova barbárie que cresceria em todos os lugares, de dentro e de fora. Ele sabiamente reconheceu que a raça "mediterrânea", apesar de inferior em vigor corporal em relação aos nórdicos e aos alpinos, provou-se superior em realizações intelectuais e artísticas. O crédito, para isso, é devido à expansão da Grécia e de Roma. No entanto, pode ser também atribuído ao casamento inter-racial com o sangue nórdico.

Algumas fragilidades na teoria das raças são óbvias. Um estudioso chinês nos lembrará que seu povo criou a civilização mais duradoura da história — estadistas, inventores, artistas, poetas, cientistas, filósofos, santos desde 2000 a.c. até hoje. Um estudioso mexicano indicaria as estruturas senhoriais das culturas inca, maia e asteca na América pré-colombiana. Um hindu, apesar de reconhecer a infiltração "ariana" no norte da Índia 1.600 anos antes de Cristo, lembraria que os povos dravídicos do sul da Índia produziram grandes construtores e poetas. Os templos de Madras, Madura e de Tiruchirapalli estão entre as mais impressionantes construções da Terra. Ainda mais surpreendente é o imponente santuário de Khmers em Angkor Wat. A história não enxerga cores e pode desenvolver uma civilização (em qualquer ambiente favorável) sob qualquer pele.

As dificuldades continuam mesmo quando a teoria das raças fica confinada à do homem branco. Os semitas se lembrariam das civilizações da Babilônia, da Assíria, da Palestina, da Fenícia, de Cartago e do Islã. Os judeus deram a Bíblia e o cristianismo à Europa, e grande parte do Alcorão a Maomé. Os maometanos poderiam listar os governantes, artistas, poetas, cientistas e filósofos que conquistaram, e adornaram, uma parte substancial do mundo do homem branco de Bagdá a Córdoba enquanto a Europa Ocidental atravessava a Idade das Trevas (c. 565-c. 1095).

As antigas culturas do Egito, da Grécia e de Roma eram, evidentemente, produto da oportunidade geográfica, econômica e política, não de constituição racial, e grande parte de sua civilização tinha uma fonte oriental.[5] A Grécia tomou suas artes e sua literatura da Ásia Menor, de Creta, da Fenícia e do Egito. No segundo milênio A.C., a cultura grega era "micênica", parte vinda de Creta, que, por sua vez, a havia tomado da Ásia Menor. Quando os dórios "nórdicos" vieram pelos Bálcãs, por volta de 1100 A.C., destruíram muito dessa cultura protogrega, e somente após um intervalo de vários séculos a civilização grega histórica emergiu na Esparta de Licurgo, na Mileto de Tales, na Éfeso de Heráclito, na Lesbos de Safo, na Atenas de Sólon. Do século VI A.C. em diante, os gregos espalharam sua cultura pelo Mediterrâneo em Durazzo, Taranto, Crotona, Reggio Calabria, Siracusa, Nápoles, Nice, Mônaco, Marselha, Málaga. Das cidades gregas do sul da Itália, e provavelmente da cultura asiática da Etrúria, veio a civilização da Roma antiga; de Roma, a civilização da Europa ocidental; da Europa ocidental, a civilização da América do Norte e da América do Sul. A partir do século III de nossa era, várias tribos celtas, teutônicas e asiáticas chegaram à Itália e destruíram a cultura clássica. O sul cria as civilizações, o norte as conquista, as destrói e arruína, as toma emprestado e as espalha: este é um resumo da história.

As tentativas de relacionar a civilização à raça medindo a relação do cérebro com a face e com o peso pouco contribuíram para iluminar o problema. Se os negros africanos não produziram uma grande civilização isto se deve às condições climáticas e geográficas desfavoráveis. Uma "raça" branca teria feito melhor naquelas condições ambientais? É notável como muitos negros americanos alcançaram altas posições em suas carreiras profissionais, nas artes e nas letras, nos últimos cem anos, apesar dos milhares de obstáculos sociais.

RAÇA E HISTÓRIA

O papel da raça na história é mais preliminar do que criativo. Vários ramos, ao se instalar em determinados lugares vindos de distintas regiões em diferentes etapas, misturam seu sangue, suas tradições e seus modos de vida com outros ou com as populações locais, como dois grupos distintos de genes que se juntam na reprodução sexual. Esta mistura étnica, ao longo dos séculos, pode vir a produzir um novo tipo, até mesmo um novo povo. Assim, celtas, romanos, anglos, saxões, jutos, dinamarqueses e normandos fundiram-se para produzir o inglês. Quando um novo tipo toma forma, suas expressões culturais são únicas e constituem uma nova civilização — novos caráter, fisionomia, língua, literatura, religião, moral e arte. Não é a raça que faz a civilização, é a civilização que faz o povo: circunstâncias geográficas, econômicas e políticas criam a cultura, e a cultura cria o tipo humano. O inglês não produz a civilização britânica tanto quanto ela o produz. Se ele a leva consigo para todo lugar aonde vá e se veste para o jantar em Timbuktu, isso não significa que ele esteja recriando sua civilização num outro lugar, mas sim que ele reconhece o domínio que ela tem sobre sua alma. No longo prazo, essas diferenças de tradição e de tipo cedem à influência do ambiente. Os povos do norte tomam para si as características dos povos do sul depois de passarem gerações nos trópicos, e os netos dos povos do vagaroso sul adotam o tempo mais veloz de agir e de pensar dos povos do norte.

Deste ponto de vista, a civilização americana ainda se encontra no estágio da mistura de raças. Entre 1700 e 1848, os americanos ao norte da Flórida eram principalmente anglo-saxões, e sua literatura era uma muda que florescia do solo da Inglaterra e da Nova Inglaterra. Depois de 1848, as portas da América abriram-se para todos os ramos de brancos. Começou uma nova fusão racial, que dificilmente se completará nos séculos vindouros. Quando desta mistura se formar um novo tipo homogêneo, a América poderá ter sua própria língua (tão diferente do inglês como o espanhol é do italiano), sua literatura nativa e uma arte típica, que já estão, visível e tumultuosamente, a caminho.

31

As antipatias "raciais" têm raízes nas origens étnicas, mas também são geradas, talvez predominantemente, pelas diferenças da cultura adquirida — da língua, do jeito de vestir, dos hábitos, da moral ou da religião. Não há cura para tais antipatias, a não ser uma educação abrangente. O conhecimento da história pode nos ensinar que a civilização é um produto cooperativo e que quase todos os povos contribuíram para ela. É nossa herança comum e nossa dívida. E a alma civilizada se revelará ao tratar todo homem e mulher, por mais humilde que seja, como um representante dos grupos que a criaram e para ela contribuíram.

4
Caráter e História

Ilustração de o Mito da Caverna, de Platão, exemplifica como podemos nos libertar do encarceramento oriundo da escuridão por meio da luz da verdade.

A SOCIEDADE É FUNDADA NÃO EM IDEAIS, MAS NA natureza do homem, e a constituição do homem reescreve a constituição dos países. Mas o que é a constituição do homem?

Podemos definir a natureza humana como as tendências e os sentimentos fundamentais da humanidade. Chamamos as tendências mais elementares de instintos, embora reconheçamos que haja muitas dúvidas acerca de suas características inatas. Podemos descrever a natureza humana por meio da "Tabela de Elementos do Caráter", que vem a seguir. Nessa análise, os seres humanos são normalmente dotados pela "natureza" (aqui com o significado de herança) com seis instintos positivos e seis negativos, cuja função é preservar o indivíduo, a família, o grupo ou as espécies. Nas personalidades positivas, as tendências positivas predominam, mas muitos indivíduos possuem ambos os conjuntos de instintos — para enfrentar ou evitar (de acordo com a disposição e as circunstâncias) os desafios e as oportunidades da vida. Todo instinto gera hábitos e é acompanhado de sentimentos. Sua totalidade compõe a natureza do homem.

Mas até que ponto a natureza humana mudou ao longo da história? Teoricamente, deve ter havido alguma mudança. A seleção natural influenciou na psicologia assim como nas variações psicológicas. No entanto, a história conhecida revela pouca alteração na conduta da humanidade. Os gregos do tempo de Platão comportaram-se de maneira muito parecida com a dos franceses dos séculos modernos; os romanos comportaram-se como os ingleses. Meios e instrumentos mudam, razões e fins permanecem os mesmos. Agir ou descansar, adquirir ou conceder, lutar ou recuar, procurar associação ou privacidade, casar-se ou permanecer solteiro, aceitar ou se ressentir dos cuidados dos pais. A natureza humana também não se altera nas classes sociais: em geral, os pobres têm os mesmos impulsos que os ricos, com apenas menos oportunidades e habilidades para efetivá-los. Na história, nada é tão evidente quanto a adoção, por rebeldes bem-sucedidos, dos métodos que costumavam condenar nas forças que eles depuseram.

CARÁTER E HISTÓRIA

TABELA DE ELEMENTOS DO CARÁTER

	INSTINTOS	HÁBITOS	SENTIMENTOS
POSITIVO	AÇÃO	JOGOS	ANIMAÇÃO
		TRABALHO	ENERGIA
		CURIOSIDADE	ÂNSIA
		MANIPULAÇÃO	ADMIRAÇÃO
		PENSAMENTO	ABSORÇÃO
		INOVAÇÃO	RESOLUÇÃO
		ARTE	SENTIMENTO ESTÉTICO
NEGATIVO	SONO	DESCANSO	FADIGA
		PREGUIÇA	INÉRCIA
		INDIFERENÇA	TÉDIO
		HESITAÇÃO	DÚVIDA
		SONHO	VAZIO
		IMITAÇÃO	ACEITAÇÃO
		DESORDEM	CONFUSÃO
POSITIVO	LUTA	AVANÇO	CORAGEM
		COMPETIÇÃO	RIVALIDADE
		BELICOSIDADE	RAIVA
		DOMINAÇÃO	ORGULHO
NEGATIVO	FUGA	RECUO	ANSIEDADE
		COOPERAÇÃO	AMIZADE
		TIMIDEZ	MEDO
		SUBMISSÃO	HUMILDADE
POSITIVO	AQUISIÇÃO	ALIMENTAÇÃO	FOME
		ARMAZENAMENTO	GANÂNCIA
		PROPRIEDADE	POSSESSIVIDADE
NEGATIVO	ABSTENÇÃO	REJEIÇÃO	DESGOSTO
		CONSUMO	ESBANJAMENTO
		POBREZA	INSEGURANÇA
POSITIVO	ASSOCIAÇÃO	COMUNICAÇÃO	SOCIABILIDADE
		BUSCA DE APROVAÇÃO	VAIDADE
		GENEROSIDADE	BONDADE
NEGATIVO	PRIVACIDADE	SOLIDÃO	RESERVA
		MEDO DA DESAPROVAÇÃO	TIMIDEZ
		EGOÍSMO	HOSTILIDADE
POSITIVO	CASAMENTO	ATIVIDADE SEXUAL	IMAGINAÇÃO SEXUAL
		NAMORO	AMOR SEXUAL
NEGATIVO	RECUSA	PERVERSÃO SEXUAL	NEUROSE SEXUAL
		RUBOR	MODÉSTIA
POSITIVO	CUIDADOS PARENTAIS	DONO DA CASA	AMOR PELOS PAIS
NEGATIVO	DEPENDÊNCIA DO FILHO	REBELDIA	RESSENTIMENTO

A evolução do homem, no período em que há documentação e registro, foi mais social que biológica: ela avançou não por meio de variações hereditárias na espécie, mas sobretudo por inovações econômicas, políticas, intelectuais e morais transmitidas aos indivíduos e às gerações pela imitação, por hábitos ou pela educação.

Hábitos e tradição correspondem ao tipo e à hereditariedade na espécie e aos instintos nos indivíduos; são ajustes prontos usados em situações repetidas e típicas. Situações novas, entretanto, acontecem e pedem respostas não estereotipadas, novas. Por isso, o desenvolvimento em organismos mais altos requer capacidade para experimentação e inovação — o correlato social da variação e da mutação. A evolução social é a inter-relação entre hábitos e origem.

Aqui, a iniciativa individual — o "grande homem", o "herói", o "gênio" — retoma seu lugar de força formadora na história. Ele não chega a ser o Deus que Carlyle* descreveu. Ele cresce fora de seu tempo e de sua terra e é o produto e símbolo de eventos, assim como seu agente e sua voz. Sem uma situação que peça novas respostas, suas novas ideias seriam prematuras e impraticáveis. Quando ele é o herói da ação, as demandas de sua posição e a exaltação da crise desenvolvem-no e inflam-no a tal magnitude e com poderes que, em tempos normais, teriam permanecido potenciais e inexplorados. Mas ele não é apenas um efeito. Eventos acontecem por meio dele assim como em torno dele. Suas ideias e decisões começam a fazer parte do curso da história. Às vezes sua eloquência, como Churchill, pode valer mil regimentos; sua visão estratégica e tática, como Napoleão, pode vencer batalhas e campanhas e estabelecer estados. Se ele é um profeta como Maomé, sábio para inspirar os homens, suas palavras podem fazer um povo pobre e desfavorecido ter ambições impensadas e poder

---

* O escritor, historiador, ensaísta e professor escocês da era vitoriana Thomas Carlyle (1795-1881) chamou a economia de "ciência sombria" e tornou-se um polêmico comentarista social. (N. do T.)

CARÁTER E HISTÓRIA

surpreendente. Um Pasteur, um Morse, um Edison, um Ford, um Wright, um Marx, um Lênin, um Mao Tsé-tung são efeitos de inúmeras causas e causas de uma infinidade de efeitos.

Em nossa tabela de elementos do caráter, a imitação fica em oposição à inovação, mas na vida a primeira colabora com a segunda. À medida que naturezas submissas unem-se a indivíduos controladores para manter a ordem e a atividade da sociedade, a maioria de imitadores segue a minoria inovadora, enquanto esta segue o indivíduo inovador, adaptando novas respostas às exigências do ambiente ou da sobrevivência. A história, em grande escala, é o conflito de minorias. A maioria aplaude o vencedor e fornece o material humano do experimento social.

Portanto, o intelecto é a força vital da história, mas também pode ter um poder dissolvente e destruidor. De cada 100 novas ideias, 99 ou mais provavelmente serão inferiores às respostas tradicionais que elas tentam substituir. Nenhum homem, por mais brilhante ou bem informado que seja, pode chegar, numa vida inteira, à plenitude de compreensão para julgar e dispensar os hábitos e as instituições de sua sociedade, pois estas refletem a sabedoria de gerações após séculos de experiências no laboratório da história. Um jovem cujos hormônios estão em ebulição quererá saber por que não deveria dar plena liberdade a seus desejos sexuais e, caso não seja controlado pelos hábitos e costumes, pela moral e pelas leis, pode arruinar sua vida antes da maturidade até entender que o sexo é um rio de fogo cujo curso deve ser depositado e resfriado por uma série de restrições, se não é para ser consumido no caos tanto pelo indivíduo como pelo grupo.

Assim, o conservador que resiste às mudanças é tão vantajoso quanto o radical que as propõe, possivelmente tão mais vantajoso quanto as raízes são mais importantes do que os enxertos. É bom dar atenção a novas ideias, pelo bem das poucas que podem ser úteis, mas também é bom que as novas ideias sejam obrigadas a passar pelo moinho da objeção, da oposição e da contundência. Ele é a prova de fogo

37

12 LIÇÕES DA HISTÓRIA

a que as inovações devem sobreviver antes de conseguir pertencer à raça humana. É bom que o velho resista ao jovem, e que o jovem possa cutucar o velho. Fora desse embate, assim como fora da luta dos sexos e de classes, brota um tensionamento criativo, um desenvolvimento estimulado, uma unidade básica e secreta, o movimento do todo.

5
MORAL E HISTÓRIA

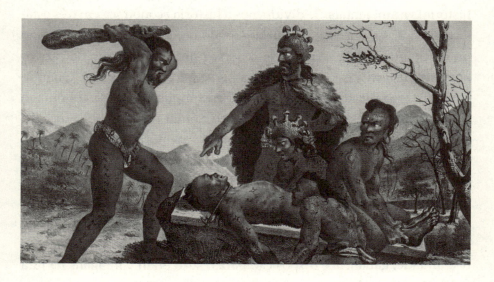

*O ritual de sacrifício humano tinha um fim geralmente religioso.
E tal prática remonta desde a Antiguidade.*

A MORAL É O CONJUNTO DE REGRAS POR MEIO DAS quais a sociedade exorta (assim como as leis são as regras por meio das quais ela procura obrigar) seus membros e suas instituições a se comportar de maneira coerente com a ordem, a segurança e o desenvolvimento. Desse modo, os enclaves judeus no mundo cristão garantiram, durante dezesseis séculos, sua continuidade e a paz interna por meio de um código moral rigoroso e detalhado, praticamente sem ajuda do estado ou de suas leis.

Ao conhecermos um pouco mais da história, descobrimos a variedade dos códigos morais e concluímos como são insignificantes, pois diferem no tempo e no lugar, e muitas vezes até são contraditórios. À medida que expandimos nosso conhecimento histórico, notamos que os códigos morais são universais e concluímos sua necessidade.

Os códigos morais distinguem-se porque se ajustam às condições históricas e ambientais. Se dividirmos a história econômica em três estágios — caça, agricultura, indústria — poderemos perceber que o código moral de uma etapa será alterado no seguinte. No estágio da caça, o homem precisava estar pronto para perseguir, lutar e matar. Quando capturava sua presa, ele comia até encher completamente seu estômago porque não tinha certeza de quando iria comer novamente; a insegurança é a mãe da ganância, e a crueldade é a memória — mesmo que só no sangue — de um tempo em que o teste da sobrevivência (como hoje entre os países) era a habilidade de matar. Supostamente, a taxa de mortalidade dos homens — que sempre corriam o risco de vida na caça — era maior do que a das mulheres. Alguns homens tinham várias mulheres e tinham de ajudá-las na gravidez frequente. Belicosidade, brutalidade, ganância e disposição para o sexo eram vantagens na luta pela sobrevivência. Provavelmente, vícios eram antes uma virtude — isto é, uma qualidade para a sobrevivência do indivíduo, da família ou do grupo. Os pecados do homem podem ser as relíquias de sua ascensão, e não os estigmas de sua queda.

A história não nos conta apenas quando os homens passaram do estágio da caça para a agricultura — talvez no neolítico, por meio da descoberta de que os grãos poderiam ser semeados para o crescimento espontâneo do trigo. Podemos claramente admitir que o novo regime requeria novas virtudes e transformou algumas antigas virtudes em vícios. A astúcia tornou-se mais vital do que a bravura; a regularidade e a economia são mais lucrativas do que a violência, a paz, mais vitoriosa que a guerra. As crianças passaram a ser um ativo econômico, e o controle de natalidade tornou-se imoral. Nas propriedades agrícolas,

MORAL E HISTÓRIA

a família era a unidade de produção sob o controle disciplinar do pai e das estações do ano, e a autoridade paterna tinha um papel econômico fundamental. O filho normal amadurecia e se tornava independente bem cedo: aos 15 anos já conhecia todas as tarefas da vida, do mesmo modo que as entenderia aos 40. Tudo o que ele precisava era da terra, do arado e de braços dispostos a trabalhar. Sendo assim, ele se casava cedo, tão cedo quanto a natureza permitia. Ele não se preocupava muito com as restrições a relacionamentos antes do casamento por causa da nova ordem dos assentamentos e das casas. Quanto às mulheres jovens, a castidade era indispensável, pois sua perda implicaria a maternidade sem o apoio de ninguém. A monogamia era exigida pela igualdade numérica aproximada entre os sexos. Por 1.500 anos, este código moral agrícola de continência, casamento precoce, monogamia sem divórcio e muitos filhos manteve-se na Europa cristã e em suas colônias brancas. Era um código severo, que produziu alguns dos personagens mais fortes da história.

Gradualmente, em seguida rápido e sempre de forma mais ampla, a Revolução Industrial mudou a forma econômica e a superestrutura moral da vida na Europa e na América. Homens, mulheres e crianças deixaram suas casas e suas famílias, abandonaram a autoridade e a unidade para trabalhar como indivíduos, pagos individualmente, nas fábricas feitas para abrigar máquinas, não homens. A cada década, as máquinas tornavam-se mais numerosas e complexas; a maturidade econômica (capacidade de manter uma família) foi postergada, as crianças deixaram de ser um ativo econômico, o casamento também ficava para depois, o sexo antes do casamento começou a ser praticado. A cidade oferecia todo tipo de empecilho ao casamento, mas supria os indivíduos com estímulos e facilidades para a prática sexual. As mulheres foram "emancipadas" — ou seja, foram "industrializadas", e os métodos anticoncepcionais as ajudavam a separar as experiências sexuais da gravidez. A autoridade do pai e da mãe perdeu suas bases por causa do crescente individualismo da indústria. A

41

juventude rebelde não ficava mais restrita aos limites do vilarejo, pois podia esconder o que fazia no anonimato protetor da multidão da cidade. Os progressos da ciência aumentaram a autoridade da proveta perante o báculo; a mecanização da produção econômica possibilitou o surgimento de filosofias materialistas mecanicistas, a educação disseminou dúvidas religiosas e a moralidade perdeu muito de sua base no além. O velho código moral da agricultura começava a morrer.

Hoje, assim como nos tempos de Sócrates (morto em 399 a.c.) e de Augusto (morto em 14 d.c.), a guerra contribuiu para a fraqueza moral. Após a violência e a perturbação social da guerra do Peloponeso, Alcebíades sentiu-se livre para violar o código moral de seus ancestrais, e assim Trasímaco pôde anunciar que o mais forte é quem está certo. Após as disputas entre Sula e Caio Mário, César e Pompeu, Antônio e Otávio, "Roma estava repleta de homens que haviam perdido sua base econômica e sua estabilidade moral: soldados que experimentaram a aventura e aprenderam a matar; cidadãos que tinham visto suas economias serem consumidas nos impostos e na inflação causada pela guerra; [...] mulheres desorientadas com a liberdade multiplicavam os divórcios, abortos e casos de adultério. [...] Uma sofisticação superficial orgulhava-se de seu pessimismo e de seu cinismo".[1] É quase um retrato das cidades americanas e europeias depois das duas guerras mundiais.

A história sempre nos oferece consolo quando nos lembra que pecados florescem em qualquer época. Mesmo em nossa geração, a popularidade da homossexualidade não pode ser comparada com a que teve na Grécia Antiga, em Roma e na Itália do Renascimento. "Os humanistas escreveram sobre isso com um afeto acadêmico especial, e Ariosto pensou que todos eles o praticavam." Aretino pediu ao duque de Mântua que lhe enviasse um rapaz atraente.[2] A prostituição é perene e universal, desde os bordéis controlados pelo estado da Assíria[3] até os clubes noturnos de hoje nas cidades da Europa Ocidental e dos Estados Unidos. A respeito da Universidade de Wittenberg, em 1544, Lutero faz a seguinte afirmação: "As meninas ficaram ousadas, correm atrás de seus

MORAL E HISTÓRIA

companheiros de quarto e de escola e, onde quer que possam, oferecem-lhes amor livre."[4] Montaigne nos diz que, em seu tempo (1533-92), a literatura obscena tinha um mercado pronto.[5] A imoralidade de nossos dias difere mais em gênero do que em grau da imoralidade da Inglaterra da Restauração. E o *Memoirs of a Woman of Pleasure* [Memórias de uma mulher de prazer], de John Cleland, uma verdadeira sequência de coitos, era tão popular em 1749 quanto o é em 1965.[6] Houve também a descoberta de dados nas escavações próximas ao sítio de Nínive.[7] Homens e mulheres sempre jogaram. Em todas as eras, há homens desonestos e governos corruptos. É muito provável que bem menos hoje, de modo geral, do que antes. A literatura dos panfletos do século XVI na Europa "denunciava a alteração de comida e de outros produtos pelos comerciantes".[8] O homem jamais se reconciliou com os Dez Mandamentos. Temos a visão de Voltaire da história como "uma coleção de crimes, loucuras e infortúnios" da humanidade,[9] e o eco de Gibbons desse resumo.[10]

Devemos nos lembrar, mais uma vez, de que a história, geralmente escrita (*peccavimus*), é bem diferente da história vivida: o historiador registra o excepcional porque é interessante — porque é excepcional. Se todos os indivíduos que não foram registrados pelo historiador diarista Boswell* tivessem um lugar determinado nas páginas dos historiadores, nós teríamos uma visão mais aborrecida, mas mais justa, do passado e do homem. Atrás da fachada negativa da guerra e da política, dos infortúnios e da pobreza, do adultério e do divórcio, dos assassinatos e dos suicídios, houve milhões de lares ordenados, casais devotados, homens e mulheres bons e afetuosos, crianças problemáticas e felizes. Mesmo na história escrita encontramos tantos exemplos de bondade, até de nobreza, que é até possível perdoar, mas não esquecer, os pecados. Os dons da caridade quase se igualaram às crueldades dos campos de

---

* John Eastburn Boswell (1947-1994) foi um historiador norte-americano que em suas pesquisas encontrou mais de oitenta manuscritos religiosos que descreviam cerimônias de casamentos homossexuais no período da queda do Império Romano.

43

batalha e das prisões. Quantas vezes, mesmo em nossas narrativas incompletas, não vemos homens ajudando uns aos outros — Farinelli provendo os filhos de Domênico Scarlatti, muitas pessoas socorrendo o jovem Haydn, o conde Litta custeando os estudos de Bach em Bolonha, Joseph Black adiantando dinheiro repetidamente a James Watt, Puchberg pacientemente emprestando e voltando a emprestar dinheiro a Mozart. Quem ousará escrever a história da bondade humana?

Por isso, não podemos estar certos de que a fraqueza moral dos nossos tempos seja mais uma herança da decadência do que uma dolorosa ou prazerosa transição do código de moral que perdeu sua base na agricultura para outro, que nossa civilização industrial ainda tem de moldar em ordem social e normalidade.

Enquanto isso, a história nos assegura que as civilizações se deterioram bastante. Por 250 anos, depois do enfraquecimento moral que começou na Grécia com os sofistas, a civilização helênica continuou a produzir obras-primas na literatura e nas artes. A moral romana começou a "se deteriorar" logo após os gregos, derrotados, chegarem à Itália (em 146 A.C.), mas Roma continuou a ter grandes estadistas, filósofos, poetas e artistas até a morte de Marco Aurélio (180 D.C.). Politicamente, Roma estava no fundo do poço na ascensão de César (60 A.C.). Contudo, resistiu aos bárbaros até 465 D.C. Pode ser que nossa civilização leve tanto tempo para se deteriorar quanto o Império Romano!

Pode ser que a disciplina seja restaurada em nossa civilização por meio do treinamento militar exigido pelos desafios da guerra. A liberdade das partes varia conforme a segurança do todo; o individualismo diminuirá na América e na Inglaterra à medida que a proteção territorial diminuir. A permissividade sexual pode curar-se por meios de seus próprios excessos; nossas crianças sem limites podem viver para ver a ordem e a modéstia voltarem à moda; as roupas serão mais estimulantes do que a nudez. Ao mesmo tempo, muito da nossa liberdade moral é positiva: é muito bom se livrar dos terrores da religião, desfrutar sem culpa dos prazeres que não nos causam mal, nem aos outros, e sentir os golpes do ar livre sobre nossa carne libertada.

6
Religião e História

Ilustração de Pedro, o Eremita, pregando a Cruzada Popular, conhecida como a Cruzada dos Mendigos.

MESMO O HISTORIADOR CÉTICO TEM UM RESPEITO reverente pela religião, pois ele a vê eficaz e aparentemente indispensável em todo lugar e época. Ela traz aos desafortunados, aos sofredores, aos enlutados e aos idosos o conforto do sobrenatural, que, para milhões de almas, é mais precioso do que qualquer suporte natural. Ela ajudou pais e professores a disciplinar os jovens. Deu sentido e dignidade à existência mais humilde e, por meio dos sacramentos, garantiu estabilidade ao transformar as convenções humanas em relações solenes com Deus. Impediu que os pobres (como dizia Napoleão) assassinassem os ricos. Pois a desigualdade natural do homem condena muitos de nós à pobreza ou ao fracasso, de modo que uma esperança sobrenatural pode ser a única alternativa para o desespero. Quando essa esperança é destruída, a luta de classes se intensifica. O paraíso e a utopia são dois baldes em um poço: quando um desce, o outro sobe; quando a religião declina, o comunismo aumenta.

Não parece que, no princípio, a religião tenha tido alguma conexão com a moral. Aparentemente (pois estamos apenas supondo ou repetindo Petrônio com Lucrécio), "foi o medo quem primeiro criou os deuses"[1] — medo das forças ocultas na terra, nos rios, nos oceanos, nas árvores, nos ventos e no céu. A religião tornou-se a adoração propiciatória dessas forças por meio de oferendas, sacrifícios, encantamentos e orações. Só quando os sacerdotes adotaram esses medos e rituais como sustentação para a moral e as leis, a religião passou a ser uma força vital e rival para o estado. Ela disse às pessoas que os códigos morais e as leis haviam sido ditados pelos deuses. Ela retratou o deus Thot oferecendo ao faraó Menés as leis para o Egito, o deus Samas dando a Hamurábi o código para a Babilônia, Javé dando a Moisés os Dez Mandamentos e os 613 preceitos para os judeus, e a divina ninfa Egéria dando a Numa Pompílio as leis para Roma. Os cultos pagãos e os credos cristãos decretaram que os governantes terrenos eram indicados e protegidos pelos deuses. De bom grado, quase todos os estados compartilharam terras e receitas com padres.

Alguns não conformistas duvidaram que a religião pudesse sempre promover a moral, uma vez que a imoralidade floresceu também nos períodos de dominação religiosa. Claro que havia sensualismo, embriaguez, grosseria, avareza, ganância, desonestidade, roubo e violência na Idade Média, mas provavelmente o desajuste moral decorrente de meio milênio de invasões bárbaras, guerra, devastação econômica e desorganização política teria sido bem pior sem o efeito moderador da ética cristã, das exortações dos sacerdotes, do exemplo dos santos e de um ritual calmo e unificador. A Igreja Católica Apostólica Romana trabalhou duro para reduzir a escravidão, as disputas familiares e os conflitos entre os estados, para aumentar os intervalos de trégua e de paz e para substituir o processo pelo combate ou pela provação com o julgamento em cortes estabelecidas. Ela abrandou as penalidades das leis romanas e bárbaras e expandiu o escopo e a organização da caridade.

Embora a Igreja servisse o Estado, afirmava estar acima de todos eles, assim como a moral deveria estar acima do poder. Ela ensinou aos homens que o patriotismo sem as amarras da lealdade maior pode ser um instrumento de ganância e crime. Acima de todos os governos competidores da cristandade, ela promulgou uma lei moral. Clamando ter origem divina e hegemonia espiritual, a Igreja ofereceu-se como uma corte internacional à qual todos os governantes deveriam responder. O imperador Henrique IV reconheceu e submeteu-se ao papa Gregório VII em Canossa (1077), e, um século mais tarde, Inocêncio III aumentou a autoridade e o prestígio do papado a tal ponto que o ideal de Gregório da moral supraestatal parecia ter sido alcançado.

O sonho majestoso quebrou-se sob os ataques do nacionalismo, do ceticismo e da fragilidade humana. A Igreja estava dominada por homens que, muitas vezes, mostravam-se tendenciosos, venais ou extorsivos. A França cresceu em riqueza e poder e fez do papado seu instrumento político. Os reis tornaram-se fortes o suficiente para obrigar um papa a dissolver a ordem jesuíta que tão devotadamente havia apoiado os papas. A Igreja começou a praticar a fraude, com lendas pias, relíquias falsas e milagres duvidosos. Por séculos, beneficiou-se da mítica "Doação de Constantino", que dera como legado a Europa Ocidental ao papa Silvestre I (r. 314-335) e das Falsas Decretais (c. 842) que forjaram uma série de documentos para conferir antiguidade sacra à onipotência do papa.[2] Sempre mais, a hierarquia consumia suas energias para promover a ortodoxia, e não a moralidade, e a Inquisição quase desgraçou fatalmente a Igreja. Até quando pregava a paz ela fomentava guerras religiosas, como na França do século XVI e a Guerra dos Trinta Anos na Alemanha do século XVII. Teve um papel modesto no avanço da moral moderna — a abolição da escravatura. Isso possibilitou que filósofos liderassem os movimentos humanitários que aliviaram os males do nosso tempo.

A história justificou a Igreja acreditando que as massas desejam uma religião rica de milagres, mistérios e mitos. Algumas pequenas alterações foram permitidas no ritual, nos costumes eclesiásticos e na autoridade episcopal. Mas a Igreja não ousa alterar suas doutrinas, pois tais mudanças poderiam ofender e desiludir os milhões cuja fé está ligada à inspiração e ao consolo que dela provêm. Não há reconciliação possível entre religião e filosofia, a não ser pelo reconhecimento, por parte dos filósofos, de que não existe substituto para a função moral da Igreja, e o reconhecimento, por parte dos eclesiásticos, da liberdade religiosa e intelectual.

A história afirma a crença em Deus? Se por Deus queremos dizer um ser supremo, inteligente e benevolente, e não a vitalidade criativa da natureza, a resposta deve ser um relutante "não". Como outros departamentos da biologia, a história permanece, basicamente, como uma seleção natural dos indivíduos e grupos mais aptos na luta em que a bondade não obtém favores, os infortúnios abundam e o teste final é a capacidade de sobreviver. Acrescentem-se aos crimes, guerras e crueldades do homem os terremotos, as tempestades, os tornados, as pestes, os maremotos e outros "atos de Deus" que periodicamente devastam a vida humana e animal, e os resultados indicarão ou uma fatalidade cega ou imparcial, com cenas incidentais ou aparentemente aleatórias às quais nós, subjetivamente, atribuímos ordem, esplendor, beleza ou sublimidade. Se a história apoiasse uma teologia, isto seria um dualismo como o zoroastrismo e o maniqueísmo: um espírito bom e um espírito mau lutando pelo controle do universo e pelas almas dos homens. Estas fés e a cristandade (que é essencialmente maniqueísta) asseguraram a seus seguidores que o espírito bom venceria no final, mas não oferecem nenhuma garantia de como isso termina. A Natureza e a história não concordam com nossas concepções de bem e mal; elas definem o bem como aquilo que permanece, e o mal como passageiro. E o universo não se predispõe a favor de Cristo ou contra Gengis Khan.

A conscientização crescente do minúsculo lugar do homem no cosmo favoreceu o comprometimento do credo religioso. Na cristandade, podemos datar o início do declínio a partir de Copérnico (1543). O processo foi lento, mas em 1611 John Donne* lamuriava-se que a terra havia se tornado um mero "subúrbio" do mundo e que a "nova filosofia duvidava de tudo". E Francis Bacon,** que ocasionalmente saudava bispos, proclamava a ciência como a religião do moderno homem emancipado. Naquela geração, a "morte de Deus" começou como uma divindade externa.

Um efeito de tais dimensões provocou muitas causas para além da disseminação dos conhecimentos científico e histórico. Primeiro, a Reforma Protestante, que originalmente defendia o julgamento privado. Em seguida, a multidão de seitas protestantes e teologias conflitantes, cada uma apelando tanto para as Escrituras quanto para a razão. Depois, a maior crítica da Bíblia, expondo que aquela maravilhosa reunião de livros era um produto imperfeito de homens falíveis. Então, o movimento deísta na Inglaterra, que reduzia a religião a uma vaga crença em um Deus difícil de distinguir da natureza. E o aumento do conhecimento de outras religiões, cujos mitos, muitos deles pré-cristãos, eram estranhamente parecidos com as bases, supostamente factuais, da crença herdada. E a revelação protestante dos milagres católicos, a revelação deísta dos milagres bíblicos, a revelação

---

* John Donne (1572-1631) foi um pregador inglês e o maior representante dos poetas metafísicos de sua época.
** Francis Bacon (1561-1626) foi um político, filósofo e ensaísta inglês, considerado o fundador da ciência moderna.

geral das fraudes, inquisições e massacres na história da religião. Além disso, a substituição da agricultura — que levou homens à fé pelo renascimento anual da vida e pelo mistério do crescimento — pela indústria, em cujos galpões máquinas cantarolam sua ladainha e sugerem uma máquina do mundo. Acrescente o avanço arrojado da cultura, como em Bayle,* e da filosofia panteística, como em Spinoza;** o ataque maciço do Iluminismo francês ao cristianismo, a revolta de Paris contra a Igreja durante a Revolução Francesa. Acrescente, em nossos dias, o abate indiscriminado de populações civis na guerra moderna. Finalmente, o incrível triunfo da tecnologia científica, que promete ao homem onipotência e destruição e desafia o comando divino dos céus.

De certa forma, o cristianismo ofereceu um apoio contra si ao desenvolver, em muitos cristãos, um sentido de moral incapaz de tolerar o Deus vingador das teologias tradicionais. A ideia de inferno desapareceu do pensamento culto e também das homilias nos púlpitos. Os presbiterianos envergonharam-se da Confissão de Fé de Westminster, que os fizeram acreditar que Deus havia criado bilhões de homens e mulheres, independentemente de suas virtudes ou de seus crimes, predestinados a ir para o inferno. Cristãos instruídos que visitavam a Capela Sistina ficavam chocados com a imagem de Cristo de Michelangelo lançando violentamente os pecadores a um inferno cujas chamas nunca se apagariam. Seria esse o "Jesus gentil, calmo e pacífico" que inspirou nossa juventude? Da mesma forma que o desenvolvimento moral dos gregos fez diminuir as crenças nas divindades competitivas e adúlteras do Olimpo ("uma proporção da humanidade", escreveu

---

* Pierre Bayle (1647—1706) foi um filósofo e escritor francês. (N. do T.)
** Nascido em Amsterdã, na Holanda, no seio de uma família judaico-portuguesa, Baruch de Spinoza (1632—1677), um dos grandes racionalistas e filósofos do século XVII dentro da chamada Filosofia Moderna, é considerado o fundador do criticismo bíblico moderno. (N. do T.)

Platão, "não acredita na existência dos deuses"[3]), de modo que a ética cristã lentamente erodiu a teologia cristã. Cristo destruiu Jeová.

A substituição do cristianismo por instituições seculares é o resultado crítico e culminante da Revolução Industrial. Que os estados deveriam dispensar o apoio teológico é uma das muitas experiências cruciais que desconcertam nossas cabeças e perturbam nossos caminhos hoje. Leis que antes eram apresentadas como decretos de um deus dito rei agora nada mais são que mandamentos de homens que falham e erram. A educação, que era a terra sagrada dos padres inspirados por deus, torna-se tarefa de homens e mulheres despojados de vestes teológicas e de admiração, que se baseiam na razão e na persuasão para civilizar jovens rebeldes que temem apenas a polícia e podem nunca vir a raciocinar de fato. As universidades, antes aliadas das igrejas, foram capturadas pelos homens de negócios e pelos cientistas. A propaganda do patriotismo, do capitalismo ou do comunismo consegue inculcar uma crença sobrenatural e um código moral. Dias santos cedem lugar a feriados. Teatros estão repletos mesmo aos domingos e, mesmo aos domingos, as igrejas estão cheias só até a metade. Nas famílias anglo-saxãs, a religião tornou-se um compromisso social e tem uma coloração protetora; nas famílias americanas católicas, ela floresce; nas classes altas e médias da França e da Itália a religião é "uma segunda característica sexual das fêmeas". Milhares de sinais indicam que o cristianismo está se submetendo ao mesmo declínio que abalou a religião da Grécia antiga após a chegada dos sofistas e do iluminismo grego.

O catolicismo sobrevive porque apela para a imaginação, para a esperança e para os sentidos. Porque sua mitologia consola e ilumina a vida dos pobres, e porque a fertilidade dos fiéis aos poucos ocupa as terras perdidas para a Reforma. O catolicismo não conseguiu a adesão da comunidade intelectual e sofre contínuas deserções por causa do contato com a educação secular e com a literatura, mas consegue converter as almas cansadas das incertezas da razão, e de outros esperançosos de que a Igreja possa impedir a desordem interna e a onda comunista.

Se outra grande guerra devastasse a civilização ocidental, a destruição das cidades, a disseminação da pobreza e a desventura da ciência podem fazer da Igreja, como em 476 D.C., a única esperança e guia dos sobreviventes do cataclismo.

Uma lição da história é que a religião tem muitas vidas e o hábito da ressurreição. Quantas vezes no passado Deus e a religião morreram e foram ressuscitados! Aquenáton* usou todos os poderes de faraó para destruir a religião de Amon; um ano depois de sua morte, a religião de Amon foi restabelecida.[4] O ateísmo corria à solta na Índia na juventude de Buda, e o próprio Buda fundou uma religião sem um deus. Após sua morte, o budismo desenvolveu-se como uma teologia complexa que abrange deus, santos e o inferno.[5] A filosofia, a ciência e a educação despovoaram o panteão grego, mas o vácuo deixado atraiu uma dúzia de fés orientais repleta de mitos ressurrecionais. Em 1793, em Paris, Hébert e Chaumette, interpretando Voltaire equivocadamente, criaram a seita estética da Deusa da Razão; um ano mais tarde, Robespierre, temendo o caos e inspirado por Rousseau, fundou a seita do Ser Supremo. Em 1801, Napoleão, versado em história, assinou uma concordata com o papa Pio VII restaurando a Igreja Católica na França. A irreligião da Inglaterra do século XVIII desapareceu com o compromisso vitoriano com o cristianismo: o estado passava a apoiar a Igreja Anglicana, e as classes instruídas abafariam seu ceticismo, a partir da tácita compreensão de que a Igreja aceitaria a subordinação ao estado e o pastor seria apenas um servo do escudeiro. Nos Estados Unidos, o racionalismo dos Pais Fundadores abriu espaço para o *revival* da religião no século XIX.

---

* Também conhecido como Amenhotep IV, o faraó Aquenáton foi casado com a rainha Nefertiti e foi o responsável pela instauração do monoteísmo no Antigo Egito, extinguindo dois mil deuses.

RELIGIÃO E HISTÓRIA

Puritanismo e paganismo — a repressão e a expressão dos sentidos e desejos — alternam-se mutuamente na história. Geralmente, religião e puritanismo prevalecem nos períodos em que as leis são fracas e a moral tem de sustentar o fardo de manter a ordem social; ceticismo e paganismo (outros fatores que se equivalem) avançam à medida que o poder de leis e governos permite o declínio da igreja, da família e da moral sem, basicamente, colocar em perigo a estabilidade do estado. Hoje em dia, a força do estado uniu-se às forças supracitadas para afrouxar a fé e a moral, e para permitir que o paganismo retome seu ritmo natural. Provavelmente, nossos excessos trarão outra reação; a desordem moral pode gerar um *revival* da religião; os ateus podem, de novo (como na França depois de 1870), colocar seus filhos numa escola católica para lhes dar a disciplina da crença religiosa. Escute o apelo de Renan, agnóstico, em 1866:

> Deixe-nos usufruir da liberdade dos filhos de Deus, mas deixe-nos cuidar para que não nos tornemos cúmplices na diminuição da virtude que ameaçaria a sociedade se o cristianismo fosse fraco. O que faríamos sem ele? [...] Se o racionalismo quer governar o mundo sem dar atenção às necessidades religiosas da alma, a experiência da Revolução Francesa nos ensina as consequências de tal erro.[6]

A história justifica a conclusão de Renan de que a religião é necessária para a moral — que uma ética natural é muito fraca para suportar a selvageria que se esconde sob a civilização e emerge em nossos sonhos, crimes e guerras? Joseph de Maistre respondeu: "Não sei como pode ser o coração de um malandro. Sei como é o coração de um homem honesto, e é terrível."[7] Não há exemplo significativo na história, antes de nossos dias, de uma sociedade que tenha tido sucesso na manutenção da moral sem a ajuda da religião. A França, os Estados Unidos e outros países divorciaram seus governos de todas as igrejas, mas tiveram ajuda da religião para a manutenção da ordem social. Apenas uns poucos países comunistas não só se separaram como repudiaram sua ajuda, e talvez o sucesso aparente e provisório desta experiência na Rússia deva muito à aceitação do comunismo como religião (ou ópio, como diriam os céticos) do povo, substituindo a igreja como vendedora de conforto e esperança. Se o regime socialista falhar em seus esforços para destruir a pobreza das massas, esta nova religião pode perder seu fervor e sua eficácia, e o estado pode fechar os olhos para a retomada de crenças sobrenaturais com o auxílio do descontentamento: "Enquanto houver pobreza, haverá deuses."[8]

7
Economia e História

Gravura que retrata a Rebelião Indiana de 1857 - Período prolongado de levantes armados e revoltas na Índia contra a ocupação e exploração britânica.

A HISTÓRIA, DE ACORDO COM KARL MARX, É A ECOnomia em ação — a competição entre indivíduos, grupos, classes e estado por comida, combustível, materiais e poder econômico. As formas políticas, as instituições religiosas, as criações culturais estão todas enraizadas em realidades econômicas. Sendo assim, a Revolução Industrial trouxe consigo a democracia, o feminismo, o controle da natalidade, o socialismo, o declínio da religião, o afrouxamento da moral, a libertação da literatura do patronato da aristocracia, a substituição do romantismo pelo realismo na ficção — e a interpretação econômica da história. Os personagens de destaque nesses movimentos foram os efeitos, e não as causas. Nunca teríamos ouvido falar de Agamenon, Aquiles e Heitor se os gregos não tivessem procurado obter o controle comercial do estreito de Dardanelos; foi a ambição econômica, e não a face de Helena, "mais clara do que a noite iluminada por milhares de estrelas", que os fez mandar frotas de navios a Troia. Os gregos sabiam como encobrir a nua verdade econômica camuflando-a em uma frase.

Inquestionavelmente, a interpretação econômica ilumina muito a história. O dinheiro da Liga de Delos construiu o Partenon; o tesouro do Egito de Cleópatra revitalizou a exaurida Itália de Augusto, deu a Virgílio uma anuidade, e a Horácio, uma fazenda. As Cruzadas, como as guerras de Roma com a Pérsia, foram tentativas do Ocidente para dominar rotas comerciais para o Oriente; a descoberta da América foi resultado do fracasso das Cruzadas. O banco dos Médici financiou o Renascimento florentino; o comércio e a indústria de Nuremberg viabilizaram Dürer. A Revolução Francesa aconteceu não porque Voltaire escreveu sátiras brilhantes e Rousseau produziu romances sentimentais, mas porque a classe média havia chegado ao poder econômico, precisava de liberdade legislativa para as empresas e o comércio e cobiçava o poder político e a aceitação social.

Marx não afirmou que os indivíduos sempre foram movidos por interesse econômico; ele estava longe de imaginar que considerações materiais levaram ao romance de Abelardo, ao evangelho de Buda ou aos poemas de Keats.* Mas ele talvez tenha subestimado o papel desempenhado pelas iniciativas não econômicas no comportamento das massas: no fervor religioso, como nos exércitos muçulmanos e espanhóis; no ardor nacionalista, como nas tropas de Hitler ou nos

---

* O poeta inglês John Keats (1795—1821) é unanimemente considerado um dos mais importantes poetas do Romantismo. (N. do T.)

camicases japoneses; na fúria autofertilizante, como nos motins de Gordon de 2 a 8 de junho de 1780, em Londres, ou nos massacres de 2 a 7 de setembro de 1792* em Paris. Nestes casos, os motivos (geralmente ocultados) dos líderes podem ter sido econômicos, mas o resultado é em grande parte determinado pela paixão das massas. Em muitos casos, o poder político ou militar era aparentemente a causa, e não o resultado, das operações econômicas, como na tomada da Rússia pelos bolcheviques em 1917 e nos golpes de estado que pontuam a história da América do Sul. Quem poderia afirmar que a conquista da Espanha pelos mouros — ou a conquista da Ásia Ocidental pelos mongóis, ou a conquista da Índia pelo império Mogol — não foi um produto do poder econômico? Nesses casos, os pobres comprovaram ser mais fortes do que os ricos; a vitória militar conferiu dominação política, que garantiu controle econômico. Os generais poderiam escrever uma interpretação militar da história.

Tomando certos cuidados, podemos obter infinitas informações da análise econômica do passado. Sabemos que os bárbaros invasores encontraram Roma enfraquecida porque a população camponesa, que antes suprira as legiões com guerreiros patrióticos e contumazes que lutavam pela terra, havia sido substituída por escravos, que trabalhavam indiferentes em uma grande propriedade agrícola pertencente a um ou a poucos homens. Hoje, a incapacidade das pequenas fazendas de usar o melhor maquinário agrícola de forma rentável força a agricultura à produção em larga escala sob comando capitalista ou comunista. Já disseram que "a civilização é um parasita para o homem com a enxada",[1] mas o homem com a enxada não existe mais. Ele agora é uma "mão" ao volante de um trator ou de uma máquina de ceifar e debulhar. A agricultura torna-se uma indústria,

---

* Foi uma série de execuções sumárias e em massa durante a Revolução Francesa, em Paris, cometida pelo povo contra prisioneiros em cárcere.

e logo o agricultor deve escolher entre ser empregado de um capitalista ou trabalhar para o estado.

Na outra ponta da escala, a história relata que "os homens que podem gerenciar apenas homens gerenciam homens que podem gerenciar apenas coisas, e os homens que podem gerenciar o dinheiro gerenciam tudo".[2] Assim, os banqueiros, observando as tendências na agricultura, na indústria e no comércio, recolhendo e dirigindo os fluxos do capital, colocando nosso dinheiro dupla e triplamente para trabalhar, controlando empréstimos, juros e empreendimentos, correm grandes riscos para obter grandes ganhos e alcançam o topo da pirâmide econômica. Dos Médici de Florença, passando pelos Fugger de Augsburgo aos Rothschild de Paris e Londres e os Morgan de Nova York, banqueiros tiveram uma cadeira nos conselhos de governo, financiaram guerras e papas e, vez ou outra, provocaram uma revolução. Talvez o segredo do poder deles seja, por conhecer a flutuação dos preços, saberem que a história é inflacionária e o dinheiro é a última coisa que um homem sábio acumulará.

A experiência do passado deixa pouca dúvida de que todo sistema econômico deve, mais cedo ou mais tarde, depender de algum motivo de lucro para estimular indivíduos e grupos à produtividade. Substitutos como a escravidão, a supervisão policial ou o entusiasmo ideológico provaram ser improdutivos, muito caros ou demasiado provisórios. Normalmente, os homens são julgados por sua capacidade de produzir — exceto na guerra, quando são classificados por sua capacidade de destruir.

Dado que as habilidades práticas diferem de pessoa para pessoa, a maioria dessas habilidades, em quase todas as sociedades, fica concentrada numa minoria de homens. A concentração da riqueza é o resultado natural da concentração de habilidades, o que regularmente se repete na história. A taxa de concentração varia (outros fatores permanecem) com a liberdade econômica permitida pela moral e pela lei. O despotismo pode, por algum tempo, retardar a concentração; a

ECONOMIA E HISTÓRIA

democracia, por permitir maior liberdade, a acelera. A igualdade relativa dos americanos antes de 1776 foi tomada por mil formas de diferenciação física, mental e econômica, de modo que desigualdade entre os mais ricos e os mais pobres é agora maior do que em qualquer momento desde o Império Romano. Nas sociedades progressistas, a concentração pode chegar a um ponto em que a força do número dos mais pobres rivaliza com a força da habilidade dos poucos que são ricos. Assim, o equilíbrio instável gerou uma situação crítica à qual a história respondeu de duas maneiras diferentes: com uma legislação que redistribuiu a riqueza ou com a revolução, que distribuiu a pobreza.

Na Atenas de 594 A.C., de acordo com Plutarco: "A disparidade de riqueza entre ricos e pobres atingiu o ápice, de modo que a cidade parece estar numa condição precária, e não há meios de livrá-la da desordem [...] possivelmente apenas por meio do poder despótico."[3] Os pobres, vendo seu *status* piorar a cada ano — o governo, na mão dos dominadores, e os tribunais corruptos decidindo todas as questões contra eles —, começaram a falar de uma revolta violenta. Os ricos, irritados com a afronta à propriedade, prepararam-se para se defender usando a força. O bom senso prevaleceu, os moderados garantiram a eleição de Sólon,* um homem de negócios de linhagem aristocrática. Ele desvalorizou a moeda, facilitando assim o ônus de todos os devedores (embora ele próprio fosse um credor); reduziu todas as dívidas pessoais e eliminou a prisão por endividamento. Cancelou arrestos por impostos e juros das hipotecas; estabeleceu um imposto progressivo sobre a renda que fez os ricos pagarem doze vezes mais que os pobres. Reorganizou os tribunais em bases mais populares e fez com que os filhos dos soldados atenienses mortos em guerras pudessem crescer e estudar à custa do estado. Os ricos protestaram e acusaram as medidas

---

* Sólon (638 A.C.—558 A.C.) foi um poeta, estadista e lesgislador grego, considerado em sua época como um dos sete sábios da Grécia antiga.

de confisco; os radicais queixaram-se de que ele não dividira as terras; mas, pelo menos durante uma geração, todos concordaram que tais reformas protegeram Atenas da revolução.[4]

O senado romano, tão famoso pela sabedoria, adotou uma solução de descompromisso quando a concentração de renda alcançou um ponto explosivo na Itália. O resultado foram cem anos de guerra civil e de classes. Tibério Graco, um aristocrata eleito tribuno da plebe, propôs redistribuir a terra, limitando a propriedade a 333 acres por pessoa e redistribuindo o excedente para o insatisfeito proletariado da capital. O senado rejeitou a proposta, taxando-a de confisco. Tibério apelou ao povo, dizendo: "Vocês lutam e morrem para dar riqueza e luxo aos outros, vocês são chamados de mestres do mundo, mas não há um pedaço sequer de terra que possam chamar de seu."[5] Contrariamente à lei romana, ele fez campanha para ser reeleito como tribuno. Tibério Graco foi morto em um motim no dia da eleição (133 A.C.). Seu irmão, Caio, assumiu a causa, mas não conseguiu impedir a onda de violência e ordenou a seu escravo que o matasse; o escravo obedeceu, e depois se matou (121 A.C.). Três mil seguidores de Caio foram condenados à morte por um decreto do senado. Mário tornou-se o líder da plebe, mas retirou-se quando o movimento aproximou-se da revolução. Catilina, propondo abolir todas as dívidas, organizou um exército revolucionário de "infelizes miseráveis"; ele foi sobrepujado pela colérica eloquência de Cícero e morreu numa batalha contra o estado (62 A.C.). Júlio César tentou um compromisso, mas foi impedido pelos patrícios (44 A.C.) após cinco anos de guerra civil. Marco Antônio confundiu seu apoio às políticas de César com ambições pessoais e romance; Otávio o derrotou em Áccio e estabeleceu o "Principado", que por 210 anos (30 A.C.—180 D.C.) manteve a Pax Romana entre as classes assim como entre os estados dentro das fronteiras do império.[6]

Após o colapso da ordem política no Império Romano do Ocidente (476 D.C.), séculos de indigência foram seguidos pela lenta renovação

ECONOMIA E HISTÓRIA

e pela retomada da concentração da renda, parcialmente na hierarquia da Igreja Católica. Em um aspecto, a Reforma significou a redistribuição dessa riqueza por causa da redução dos pagamentos alemães e ingleses à Igreja Romana, e pela apropriação secular da propriedade e das receitas eclesiásticas. A Revolução Francesa tentou uma violenta redistribuição das riquezas com as Jacqueries,* no campo, e os massacres na cidade, mas o resultado foi a transferência de propriedade e privilégio da aristocracia para a burguesia. O governo dos Estados Unidos, em 1933-1952 e 1960-1965, seguiu os métodos apaziguadores de Sólon e conseguiu uma redistribuição moderada e pacificadora. Talvez alguém tenha estudado história. As classes altas amaldiçoaram, cumpriram e retomaram a acumulação de riquezas.

Concluímos que a concentração de riqueza é natural e inevitável, e é periodicamente atenuada pela redistribuição parcial, violenta ou pacífica. Nesta visão, a história econômica representa os batimentos cardíacos do organismo social, vasta sístole e diástole de riqueza concentrada e recirculação compulsiva.

---

* As Jacqueries foram as revoltas camponesas ocorridas na França em 1358. Devido à seca e às guerras, os camponeses não podiam plantar, resultando em escassez de comida. Assim, famintos, eles atacavam casas em busca de alimentos.

8
SOCIALISMO E HISTÓRIA

O principal líder da Revolução Russa, Lenin foi um comunista revolucionário, teórico marxista e o primeiro chefe de Estado da União Soviética.

A LUTA DO SOCIALISMO CONTRA O CAPITALISMO É parte do ritmo histórico da concentração e dispersão de riqueza. O capitalismo, claro, cumpriu uma função criativa na história: reuniu as poupanças das pessoas no capital produtivo mediante a promessa de dividendos e juros. Foi financiado pela mecanização da indústria e da agricultura e pela racionalização da distribuição, e o resultado foi um fluxo de mercadorias do produtor ao consumidor nunca antes visto na história. Ele colocou o evangelho liberal a seu favor com o argumento de que deixar os negociantes livres, em parte, dos custos de transporte e de regulações legislativas pode propiciar às pessoas uma abundância maior de alimentos, moradias, conforto e lazer do que as indústrias geridas por políticos, repletas de servidores públicos e supostamente imunes às leis da oferta e da procura. No empreendimento livre, o impulso da concorrência e o zelo e o entusiasmo da propriedade suscitam a produtividade e a inventividade dos homens; quase todas as habilidades econômicas, mais cedo ou mais tarde, encontram seus nichos e são recompensadas na multidão de talentos e na seleção natural de habilidades; e uma democracia elementar rege o processo na medida em que a maioria dos artigos a serem produzidos e dos serviços a serem prestados é determinada pela demanda do público, e não por decreto governamental. Enquanto isso, a competição estimula o capitalista ao trabalho árduo, e seus produtos, à excelência sempre maior.

Hoje, há muitas verdades nesses argumentos, mas elas não explicam por que a história ecoa tantos protestos e revoltas contra os abusos do domínio industrial, da manipulação dos preços, do embuste nos negócios e da riqueza irresponsável. Os abusos ficam mais evidentes com o tempo, pois houve experiências socialistas em vários países e séculos. Lembremos o que acontecia na Suméria, por volta de 2100 A.C.:

> [...] a economia era organizada pelo estado. Grande parte das terras aráveis era propriedade da coroa; os trabalhadores recebiam proporções do que era colhido e entregue nos armazéns reais. Para a administração dessa vasta economia de estado, uma hierarquia diferenciada foi desenvolvida, e eram mantidos registros das entregas e das proporções distribuídas aos trabalhadores. Dezenas de milhares de tábuas de argila com as inscrições dos registros foram encontradas na capital, Ur, em Lagash, em Umma [...] O comércio exterior era realizado em nome da administração central.[1]

Na Babilônia (c. 1750 a.c.), o código legal de Hamurábi fixava salários para pastores e artesãos e os honorários cobrados pelos médicos para as operações.[2]

No Egito, sob os Ptolomeus (323 a.c.-30 a.c.), o estado possuía as terras e geria a agricultura: o camponês era informado quanto à terra a ser cultivada e o que cultivar para colher; sua colheita era medida e registrada pelos escrivães do governo, era debulhada nos armazéns reais e transportada por felás até os celeiros do rei. O governo controlava as minas e se apropriava do minério. Ele nacionalizou a produção e a venda de óleo, sal, papiro e têxteis. Todo o comércio era controlado e regulado pelo estado; grande parte do varejo ficava nas mãos de agentes que vendiam mercadorias produzidas pelo estado. O sistema bancário era um monopólio governamental, mas sua operação poderia ser delegada a firmas privadas. Impostos incidiam sobre cada indivíduo, indústria, processo, produto, venda e documento legal. Para acompanhar o andamento das transações e das receitas, o governo mantinha um enxame de escribas e um sistema complexo de registro pessoal e da propriedade. As receitas provenientes desse sistema tornaram o estado ptolomaico o mais rico de sua época.[3] Grandes obras de engenharia foram concluídas, a agricultura recebeu melhorias e grande parte dos lucros foi usada para desenvolver e embelezar o país e financiar a vida cultural. Por volta de 290 a.c., os famosos Museu e Biblioteca de Alexandria foram fundados. A ciência e a literatura floresceram; numa data incerta da era ptolomaica, alguns estudiosos fizeram a tradução da Septuaginta, o Antigo Testamento hebraico, para o grego. Logo, no entanto, os faraós levaram o país a guerras onerosas e, depois de 246 a.c., entregaram-se à bebida e ao sexo, deixando a administração do estado e a economia nas mãos de patifes que arrancavam cada centavo possível dos pobres. A extorsão do governo cresceu de geração a geração. As greves aumentaram em número, assim como os atos de violência. Na capital, Alexandria, a população era subornada para a paz com recompensas e espetáculos, mas era mantida vigiada por uma grande força militar, não tinha voz no governo e, no fim, acabou se tornando uma multidão violenta. Agricultura e indústria entraram em declínio pela falta de incentivos, a degradação moral se espalhou e a ordem só foi restaurada quando Otávio colocou o Egito sob o comando romano (30 A.C.).

Roma teve seu interlúdio socialista sob Diocleciano. Diante do aumento da pobreza, da inquietação das massas e da ameaça iminente de invasões bárbaras, ele emitiu, em 301 D.C., o *Édito Máximo*, no qual denunciava os monopolistas que tiravam as mercadorias dos mercados para aumentar os preços e praticavam valores e salários altos para todos os produtos e serviços importantes. Foi feito um investimento em obras públicas para ocupar os desempregados e se distribuiu gratuitamente, ou a preços reduzidos, comida para os pobres. O governo — que já era proprietário da maioria das minas, das pedreiras e dos depósitos de sal — chegou a manter as principais indústrias e associações sob rígido controle. "Em toda grande cidade, [...] o estado tornou-se um empregador poderoso [...] acima das indústrias privadas, as quais, em todos os casos, eram esmagadas pela tributação."[4] Quando os homens de negócios previram a ruína, Diocleciano lhes explicou que os bárbaros estavam às portas do império e que a liberdade individual tinha de ser posta de lado até que a liberdade coletiva pudesse ser assegurada. O socialismo de Diocleciano era uma economia de guerra, possível por causa do medo de ataques estrangeiros. Outro fator igualmente importante é que a liberdade interna variava inversamente com a ameaça do perigo externo.

A tarefa de exercer um controle minuciosamente econômico dos homens teve um custo alto para a burocracia expansionista, cara e corrupta de Diocleciano. Para apoiar toda essa oficialidade — o exército, o tribunal, os servidores e as obras públicas —, a tributação alcançou níveis estratosféricos, e os homens ficaram desestimulados a trabalhar e receber. Ao mesmo tempo, teve início uma disputa corrosiva entre advogados para encontrar dispositivos legais para sonegar impostos e

SOCIALISMO E HISTÓRIA

outros que criavam leis para evitar a sonegação. Milhares de romanos, para fugir da cobrança dos impostos, atravessaram as fronteiras do império e buscaram refúgio entre os bárbaros. A fim de controlar essa mobilidade indescritível e para facilitar a regulamentação e a tributação, o governo emitia decretos que vinculavam o camponês ao campo e o trabalhador a seu posto até seus débitos e impostos serem pagos. Por essa e outras razões, teve início a servidão medieval.[5]

A China experimentou diversas tentativas de socialismo de estado. Szuma Ch'ien (145 A.C.) nos informa que, para proibir os indivíduos de "reservar para seu próprio uso as riquezas das montanhas e do mar, para fazer fortuna e para sujeitar os membros das classes mais baixas",[6] o imperador Wu Ti (140 A.C. – 87 A.C.) nacionalizou os recursos do solo, expandiu a atuação governamental nos transportes e no comércio, estabeleceu um imposto sobre ganhos e deu início a obras públicas, incluindo canais que ligavam os rios e irrigavam os campos. O estado acumulou grandes estoques de bens, vendendo-os quando os preços subiam e comprando-os quando caíam; assim, diz Szuma Ch'ien, "os comerciantes ricos e os grandes lojistas não poderiam fazer muito dinheiro [...] e os preços permaneceriam regulados no império".[7] Por um tempo, a China prosperou como nunca antes. Uma combinação de "ações divinas" com o demônio humano acabou com o experimento após a morte do imperador. Inundações alternaram-se com secas, criando períodos trágicos de escassez, e os preços subiram fora do controle. Os empresários protestaram que os impostos os forçavam a suportar os preguiçosos e incompetentes. Assediados pelo alto custo de vida, os pobres juntaram-se aos ricos clamando a volta da velha ordem, e alguns propuseram que o criador do novo sistema fosse fervido vivo. Uma a uma, as reformas foram revogadas e estavam quase esquecidas quando um rei-filósofo as reviveu.

Wang Mang (r. 9 – 23 D.C.) foi um erudito completo, um patrono da literatura, um milionário que dissipou sua fortuna com os amigos e os pobres. Quando assumiu o trono, procurou cercar-se de homens de letras, ciência e filosofia. Ele nacionalizou a terra, dividiu-a em partes iguais entre os camponeses e pôs fim à escravidão. Como Wu Ti, tentou regular os preços por meio do acúmulo ou da liberação dos estoques. Concedeu empréstimos a juros baixos para empreendimentos privados. Os grupos cujos lucros foram diminuídos durante sua legislação uniram-se para tramar sua queda, e foram auxiliados pela seca, pelas inundações e por invasões estrangeiras. A rica família Liu colocou-se à frente da rebelião geral, matou Wang Mang e revogou sua legislação. Tudo tornou a ser como antes.[8]

Mil anos mais tarde, Wang An-shih, enquanto primeiro-ministro (1068—85), comprometeu-se a impor um forte domínio do governo na economia chinesa. "O Estado", ele afirmava, "deve manter as rédeas sobre o comércio, a indústria e a agricultura, com o objetivo de socorrer as classes trabalhadoras e impedir que sejam massacradas pelos ricos".[9] Ele resgatou os camponeses das mãos dos agiotas oferecendo-lhes empréstimos a juros baixos. Incentivou novos assentamentos adiantando sementes ou o que mais fosse necessário, que seriam pagos com os frutos da terra. Organizou importantes obras de engenharia para controlar as enchentes e conter o desemprego. Criou comitês em cada cidade para regular salários e preços. O comércio foi nacionalizado. Pensões foram pagas a idosos, desempregados e pobres. A educação e o sistema de exames (por meio do qual se ingressava no serviço público) foram reformados; "os alunos jogaram fora seus livros de retórica", diz um historiador chinês, "e começaram a estudar história, geografia e política econômica".[10]

O que comprometeu a experiência? Em primeiro lugar, a alta tributação imposta a todos para financiar um grupo inchado de funcionários governamentais. Segundo, o recrutamento, em todas as famílias, de um homem para o exército por causa das invasões bárbaras. Terceiro, a corrupção na burocracia. A China, assim como outros países, teve de escolher entre a apropriação privada e o suborno público. Os conservadores, liderados pelo irmão de Wang An-shih, alegavam que a corrupção e a incompetência humana tornavam impraticável o controle do governo sobre a indústria, e que a melhor economia era o sistema do *laissez-faire*, que se baseia nos impulsos naturais do homem. Os ricos, golpeados pela alta tributação de suas fortunas e pelo monopólio do comércio pelo governo, investiram recursos próprios numa campanha para desacreditar o novo sistema, obstruir sua aplicação e acabar com ele. O movimento, bem organizado, exerceu pressão constante sobre o imperador. Quando um novo período de secas e inundações foi ofuscado pela aparição de um aterrorizante cometa, o imperador demitiu Wang An-shih, revogou seus decretos e entregou o poder à oposição.[11]

O regime socialista mais duradouro conhecido na história foi criado pelos incas na região que hoje denominamos Peru, por volta do século XIII. Com seu poder fundado na crença popular de que o soberano na Terra era um enviado do deus do Sol, os incas planificavam e geriam a agricultura, o trabalho e o comércio. Um censo governamental contabilizava materiais, indivíduos e rendas; "corredores" profissionais, valendo-se de um notável sistema de estradas, mantinham a rede de comunicação indispensável para administrar tantos detalhes em um território tão grande. Todos eram funcionários do estado, ocupação aceita de bom grado por garantir segurança e alimentação. Este sistema durou até a conquista do Peru por Pizarro em 1533.

Na face oposta da América Latina, em uma colônia portuguesa ao longo do rio Uruguai, 150 jesuítas organizaram 200 mil índios em uma outra sociedade socialista (c. 1620-1750). Os padres no comando geriam quase toda a agricultura, o comércio e a indústria. Eles permitiam que cada jovem escolhesse entre os ofícios que ensinavam, mas exigiam que todas as pessoas fisicamente aptas trabalhassem oito horas por dia. Ofereciam atividades recreativas, organizavam esportes, danças e coral com mil vozes e orquestras que cantavam e tocavam músicas europeias. Também atuavam como professores, médicos e juízes, e elaboraram um código penal que excluía a pena de morte.

Pelo que consta, os nativos eram dóceis e felizes, e, quando a comunidade foi atacada, defenderam-na com um ardor e uma habilidade que surpreenderam os invasores. Em 1750, Portugal cedeu à Espanha o território, incluindo os sete assentamentos jesuítas. O boato de que havia ouro nessas terras levou os espanhóis na América a ocupá-las imediatamente; o governo português, sob o marquês de Pombal (então em desacordo com os jesuítas), ordenou aos padres e aos nativos que deixassem os assentamentos e, após alguma resistência dos nativos, o experimento chegou ao fim.[12]

Na revolta social que se seguiu à Reforma Protestante na Alemanha, slogans comunistas baseados na Bíblia foram utilizados por diversos líderes rebeldes. O pastor Thomas Münzer convocou o povo a derrubar os príncipes, o clero e os capitalistas e a estabelecer uma "sociedade refinada" onde todas as coisas seriam coletivas.[13] Ele recrutou um exército de camponeses, inspirou-os com relatos do comunismo entre os apóstolos e os conduziu ao campo de batalha. Eles foram derrotados, cinco mil deles morreram, e Münzer foi decapitado (1525). Hans Hut assimilou os ensinamentos de Münzer e organizou em Austerlitz uma comunidade anabatista que praticou o comunismo por quase um século (c. 1530-1622). João de Leiden* liderou um grupo de anabatistas na tomada do controle de Münster, capital da Vestfália. Lá, durante 14 meses, eles mantiveram um regime comunista (1534-35).[14]

No século XVII, um grupo de "Levellers" [niveladores] do exército de Cromwell pediu-lhe, em vão, para estabelecer uma utopia comunista na Inglaterra. A agitação socialista diminuiu durante a Restauração, mas reemergiu quando a Revolução Industrial revelou a ganância e a brutalidade do primeiro capitalismo — trabalho infantil, trabalho feminino, longas jornadas de trabalho, baixos salários, fábricas

---

* João de Leiden (1509—1536) foi um líder anabatista de Leiden, condado da Holanda, no Sacro Império Romano-Germânico. Foi proclamado rei de Münster em 1534 após a morte de João Mathys.

SOCIALISMO E HISTÓRIA

que eram reprodutoras de doenças, favelas. Karl Marx e Friedrich Engels deram ao movimento sua Carta Magna com o *Manifesto comunista* de 1847 e sua Bíblia com *O capital* (1867-95). Eles acreditavam que o socialismo fosse se efetivar, em primeiro lugar, na Inglaterra, por causa de seu desenvolvimento industrial e por ter alcançado um estágio de gestão centralizada que soava como um convite para a apropriação pelo governo. Porém, não viveram para se surpreender com a irrupção do comunismo na Rússia.

Por que o socialismo moderno aconteceu primeiro na Rússia, onde o capitalismo estava na infância e não havia grandes corporações para facilitar a transição para o controle estatal? Séculos de pobreza dos camponeses e páginas e páginas de revolta intelectual prepararam o caminho, mas os camponeses libertaram-se da servidão em 1861, e os intelectuais inclinaram-se para um anarquismo antípoda a um estado totalmente controlador. Provavelmente, a Revolução Russa de 1917 foi bem-sucedida porque o governo czarista fora derrotado e desarmado pela guerra e pela má gestão; a economia russa caíra no caos, os camponeses voltavam do front trazendo armas, e Lênin e Trótski haviam obtido salvo-conduto e votos de boa viagem fornecidos pelo governo alemão. A revolução tomou uma forma comunista porque o novo estado foi desafiado pela desordem interna e pelo ataque externo; o povo reagiu como toda nação reagiria sob o cerco — deixando em suspenso toda a liberdade individual até que a ordem e a segurança fossem restauradas. Aqui também o comunismo era uma economia de guerra. Pode ser que ele sobreviva por causa do medo contínuo da guerra; após uma geração de paz, ele pode ser corroído pela natureza humana.

O socialismo na Rússia está agora restabelecendo razões individualistas para dar maior estímulo produtivo ao sistema e permitir possibilitar mais liberdade de movimento e intelectual às pessoas. Enquanto isso, o capitalismo submete-se a um processo equivalente de restringir as aquisições individuais com uma legislação semissocialista

71

e a redistribuição da riqueza por meio do *welfare state* [o estado do bem-estar social]. Marx foi um discípulo infiel de Hegel: ele interpretou a dialética hegeliana como se a luta entre o capitalismo e o socialismo terminasse com a vitória do último. Mas se a fórmula hegeliana da tese, antítese e síntese for aplicada à Revolução Industrial como tese, e a oposição entre o capitalismo e o socialismo como antítese, a terceira condição seria uma síntese entre capitalismo e socialismo. E é para essa reconciliação que o mundo ocidental visivelmente se dirige. O papel dos governos nas economias ocidentais aumenta a cada ano, e a participação do setor privado diminui. O capitalismo mantém o estímulo da propriedade privada, da liberdade empresarial e da concorrência, e produz um rico suprimento de bens; a alta tributação, que recai pesadamente sobre as classes superiores, permite aos governos oferecer a uma população autocontrolada serviços de educação, saúde e lazer sem precedentes. O medo do capitalismo obrigou o socialismo a ampliar a liberdade, e o medo do socialismo obrigou o capitalismo a incrementar a igualdade. O leste é o oeste e o oeste é o leste, e logo os dois se encontrarão.

9
Governo e História

Gravura ilustra o rei da Inglaterra Henrique VIII recebendo uma bíblia do bispo Latimer.

O POETA ALEXANDRE POPE ACHAVA QUE SÓ OS tolos contestariam formas de governo. A história tem uma boa palavra para eles, e para os governos em geral. Já que os homens amam a liberdade, e a liberdade dos indivíduos na sociedade requer regulamentação de conduta, a primeira condição da liberdade é a sua limitação. Quando se torna absoluta, a sociedade vira um caos. Sendo assim, a primeira tarefa de um governo é estabelecer a ordem; a organização de uma força central nada mais é do que apenas uma alternativa à força incalculável e disruptiva nas mãos de particulares. O poder,

12 LIÇÕES DA HISTÓRIA

naturalmente, converge para um centro, pois se torna ineficaz quando é dividido, diluído e descentralizado, como na Polônia sob o *liberum veto*;* por isso a centralização do poder na monarquia, por Richelieu ou Bismark, mesmo com o protesto dos barões feudais, foi elogiada pelos historiadores. Processo semelhante centralizou o poder no governo federal dos Estados Unidos; era inútil falar dos "direitos dos estados" quando a economia ignorava as fronteiras estaduais e poderia ser regulamentada apenas por uma autoridade central. Hoje, o governo internacional está se desenvolvendo, e como a indústria, o comércio e as finanças, assume formas internacionais.

A monarquia parece ser o tipo mais natural de governo, uma vez que aplica ao grupo a autoridade do pai na família ou do chefe em um bando de guerreiros. Se tivéssemos de julgar as formas de governo a partir do predomínio ou da duração histórica, a monarquia seria a vitoriosa; a democracia, ao contrário, teve turbulentos intervalos.

Após a ruptura da democracia romana nas guerras sociais dos Graco, de Mário e de César, Augusto conquistou, sob o que seria de fato uma regra monárquica, o maior feito na história da arte de governar — a Pax Romana, que assegurou a paz de 30 A.C. a 180 D.C. em um império que se estendia do Atlântico ao Eufrates e da Escócia ao Mar Negro. Depois dele, a monarquia entrou em declínio com Calígula, Nero e Domiciano; mas depois deles, vieram Nerva, Trajano, Adriano, Antônio Pio e Marco Aurélio — "a melhor sucessão de bons soberanos", como Renan os chamou, "que o mundo já teve".[1] "Se", de acordo com Gibbon, "pedíssemos a um homem para fixar um período durante o qual a raça humana foi mais afortunada e próspera, ele apontaria

---

* *Liberum veto* era um dispositivo parlamentar utilizado nos séculos XVII e XVIII na República das Duas Nações (também conhecida como Primeira República da Polônia) que permitia a qualquer deputado de uma Sejm (três câmaras do parlamento polonês ou polaco) forçar o encerramento de uma sessão e anular tudo o que já havia sido aprovado por ela.

GOVERNO E HISTÓRIA

sem hesitar aquele que vai da chegada ao poder de Nerva até a morte de Marco Aurélio. Os reinados de todos esses imperadores são possivelmente o único período na história em que a felicidade do maior número de pessoas era o objetivo elementar do governo".[2] Naqueles tempos áureos, em que os cidadãos de Roma congratulavam-se por estar sob suas leis, a monarquia era adotiva: o imperador transmitia sua autoridade não à sua prole, mas ao homem mais hábil que pudesse encontrar; ele adotava esse homem como seu filho, treinava-o para as funções de governo e, gradualmente, entregava-lhe as rédeas do poder. O sistema funcionou bem, em parte porque nem Trajano nem Adriano tiveram filhos, e os de Antônio Pio morreram quando crianças. Marco Aurélio teve um filho, Cômodo, que o sucedeu porque o filósofo não conseguiu nomear outro herdeiro. Logo reinava o caos.*

Num balanço geral, a nota da monarquia é mediana. Suas guerras de sucessão trouxeram à humanidade tanto mal quanto sua continuidade ou "filiação legítima" trouxe o bem. Quando hereditária, é provável que a monarquia seja um regime mais prolífico de estupidez, nepotismo, irresponsabilidade e extravagância do que de estabilidade e de capacidade política. Luís XIV sempre foi tido como o paradigma do monarca moderno, mas o povo da França rejubilou-se com sua morte. A complexidade dos estados modernos parece superar qualquer vontade única que tente dominá-la.

Por isso, muitos governos foram oligarquias — dirigidos por uma minoria, escolhidos pelo nascimento, como nas aristocracias, ou por organização religiosa, como nas teocracias, ou pela riqueza, como nas democracias. É antinatural (como observou Rousseau) para a maioria governar, pois uma maioria raramente pode se organizar para uma única ação específica, ao passo que a minoria pode. Se a maioria das

---

* Acrescentaríamos que há historiadores que consideram o período da dinastia nerva-antonina como uma "recuperação" inútil no processo de decadência de Roma. Ver Arnold Toynbee, *A Study of History*, Londres, 1934, IV, pag. 60.

12 LIÇÕES DA HISTÓRIA

habilidades fica restrita à minoria dos homens, o governo da minoria é tão inevitável quanto a concentração de riquezas; o máximo que a maioria pode fazer é, de tempos em tempos, rejeitar uma minoria e escolher outra. Os aristocratas defendem a seleção política por nascimento como alternativa mais salutar que a seleção por poder financeiro, religioso ou violento. A aristocracia retira poucos homens do árduo e áspero confronto da competição econômica e os prepara desde o nascimento, por meio de exemplos, ambientes e pequenas práticas administrativas, para assumir tarefas de governo; tais ocupações exigem uma preparação especial que uma família ou origem comum não poderia oferecer. A aristocracia não é apenas a incubadora da arte de governar, é também um repositório e veículo da cultura, dos modos, padrões e gostos, e por isso serve como obstáculo aos modismos sociais, aos delírios artísticos e às tensas mutações aceleradas do código moral. Vejamos o que aconteceu na moral, nos modos, no estilo e na arte desde a Revolução Francesa.

A aristocracia inspirava, apoiava e controlava a arte, mas raramente a produzia. O aristocrata olha para os artistas como se fossem empregados braçais; prefere a arte da vida à vida da arte, e jamais pensaria em se deixar consumir pelo trabalho, que é em geral o preço pago pelo gênio. Raramente ele produz literatura, pois considera exibicionismo e mercantilismo escrever para publicar. Nas aristocracias modernas, isso resultou em hedonismo diletante e desatento, em um eterno feriado no qual os privilégios de posição eram gozados ao máximo, e as responsabilidades, frequentemente ignoradas. Daí a decadência de algumas aristocracias. Apenas três gerações ocorreram entre *"L'état c'est moi"* e *"Aprés moi le déluge"*.*

Assim, os serviços da aristocracia não a salvaram quando ela monopolizou os privilégios e o poder tão estreitamente, quando oprimiu o povo com exploração egoísta e míope, quando retardou o

---

* Primeira frase, atribuída a Luís xiv: "O estado sou eu". Segunda frase, atribuída a Luís xv: "Depois de mim, o dilúvio." Ambas as frases são símbolo do poder absoluto.

GOVERNO E HISTÓRIA

crescimento da nação por uma obsessão cega à ancestralidade, quando consumiu os homens e os recursos do estado em esportes majestosos de guerras dinásticas ou territoriais. Então os excluídos uniram-se numa revolta selvagem; o novo-rico conspirou com o pobre contra a obstrução e a estagnação; a guilhotina cortou milhares de cabeças nobres; e a democracia tomou seu lugar no desgoverno da humanidade.

A história justifica revoluções? Este é um debate antigo, bem ilustrado pela resoluta ruptura de Lutero em relação à Igreja Católica *versus* a súplica de Erasmo por uma reforma paciente e ordenada, ou pelo apoio de Charles James Fox à Revolução Francesa *versus* a defesa de Edmund Burke da "normalidade" e da continuidade. Em alguns casos, instituições encarquilhadas e inflexíveis parecem pedir uma derrubada violenta, como na Rússia, em 1917. Mas, na maioria dos casos, parece que os efeitos alcançados pela revolução aconteceriam independentemente dela, por meio da coação progressiva do desenvolvimento econômico. A América teria se tornado o agente dominante no mundo anglófono sem nenhuma revolução. A Revolução Francesa substituiu a aristocracia proprietária de terras pela classe empresarial que controla o dinheiro como poder dominante; mas um resultado semelhante ocorreu na Inglaterra do século xix sem derramamento de sangue e sem perturbação da paz pública. Romper bruscamente com o passado é flertar com a loucura que pode vir junto com o impacto das explosões e mutilações repentinas. Tanto como a sanidade dos indivíduos baseia-se na continuidade de suas memórias, a do grupo assenta-se na continuidade de suas tradições; em ambos os casos, uma ruptura na cadeia invoca uma reação nervosa, como nos massacres de Paris em setembro de 1792.*

---

* Ver a inesquecível descrição de Taine em *The French Revolution* (Nova York, 1931), ii, 209-33.

Como a riqueza é antes uma ordem e um processo de produção e troca que um acúmulo de bens (principalmente perecíveis), uma confiança (o "sistema de crédito") nos homens e instituições mais que no valor nominal do papel-moeda ou do cheque, as revoluções violentas produzem menos redistribuição da riqueza que sua destruição. Pode haver outra divisão da terra, mas a desigualdade natural do homem logo recria uma desigualdade de posses e privilégios e alça ao poder uma nova minoria que carrega essencialmente os mesmos instintos que as anteriores. A única revolução real está no esclarecimento da mente e na evolução do caráter, a única emancipação real é a individual, e os únicos revolucionários são filósofos e santos.

No uso estrito do termo, a democracia existiu apenas nos tempos modernos, na maior parte após a Revolução Francesa. O direito masculino ao voto começou, nos Estados Unidos, sob Andrew Jackson; o sufrágio universal começou em nossa juventude. Na Ática antiga, da população total de 315 mil almas, 115 mil eram escravas, e apenas 43 mil eram cidadãos com direito de voto.[3] Mulheres, quase todos os homens trabalhadores, quase todos os comerciantes e os estrangeiros não tinham direito de votar. A minoria cidadã foi dividida em duas facções: a oligarca — principalmente a aristocracia, proprietária de terras, e a alta burguesia — e a democrática — pequenos proprietários de terras, pequenos empresários e cidadãos que caíram no trabalho assalariado, mas que ainda tinham direito a voto. Com a subida ao poder de Péricles (460—430 A.C.), a aristocracia triunfou, e Atenas teve sua era suprema na literatura, no teatro e nas artes. Após sua morte, e o declínio da aristocracia devido à derrota de Atenas na Guerra do Peloponeso (431—404 A.C.), os *demos*, ou cidadãos de classes inferiores, ascenderam ao poder, para desgosto de Sócrates e Platão. De Sólon até a conquista da Grécia pelos romanos (146 A.C.), o conflito entre oligarcas e democratas era empreendido por meio de livros, peças, discursos, votações, desterro, assassinato e guerra civil. Em Córcira (hoje Corfu), em 427 A.C., a oligarquia governante assassinou sessenta

GOVERNO E HISTÓRIA

líderes do partido popular; os democratas derrubaram os oligarcas, julgaram cinquenta deles diante de um Comitê de Segurança Pública, executaram todos os cinquenta e deixaram morrer de fome centenas de prisioneiros aristocratas. A descrição de Tucídides nos lembra a Paris de 1792-93.

> Por sete dias, os corcireus estavam decididos a massacrar os companheiros cidadãos que eles consideravam seus inimigos. [...] A morte explodiu de todas as formas e, como sempre acontece nesses tempos, não havia lugar aonde a violência não pudesse chegar; filhos eram mortos pelos pais, e os suplicantes eram arrastados do altar ou mortos nele. [...] Assim, a revolução passou de cidade em cidade, e nos lugares aonde chegou por último, por terem sabido do que havia sido feito antes, houve um excesso ainda maior de... atrocidades de retaliação. [...] Córcira deu o primeiro exemplo desses crimes, [...] da vingança exigida pelos governados (que de seus governantes nunca tiveram um tratamento equitativo e sempre foram, de fato, tratados com violência) e... os excessos impiedosos de selvageria em que os homens eram levados por suas paixões. [...] Enquanto isso, a parte moderada da população sofria no meio dos dois [grupos em guerra]. Todo o mundo helênico ficou transtornado.[4]

Na *República*, Platão fez seu porta-voz, Sócrates, condenar o triunfo da democracia de Atenas como um caos de violência de classe, decadência cultural e degeneração moral:

> [Os democratas] rejeitaram com desprezo a moderação, que lhes era falta de integridade. [...] A insolência, qualificam de criação; a anarquia, liberdade; o desperdício como magnificência e a insolência como descaramento. [...] O pai acostuma-se a descer ao nível do filho e a temê-lo; o filho, a estar no nível do pai, a

79

não ter vergonha dele, nem a temê-lo. [...] Os professores temem e bajulam seus alunos, e os alunos desprezam seus mestres e tutores. [...] Os mais velhos não gostam de ser vistos como morosos e autoritários e, por isso, imitam os jovens. [...] Nem posso esquecer-me de falar da liberdade e da igualdade recíproca que há entre os dois sexos. [...] Os cidadãos irritam-se ao menor toque da autoridade, e no fundo... deixam de respeitar as leis, escritas ou não. [...] E é esse o começo justo e glorioso de onde brota a ditadura [tirania]. [...] O aumento excessivo de qualquer coisa causa uma reação na direção oposta; [...] a ditadura surge naturalmente da democracia, e a mais exasperada forma de tirania e escravidão vem da mais extremada liberdade.[5]

Na época da morte de Platão (347 a.c.), sua análise hostil da democracia ateniense quase foi confirmada pela história. Atenas recuperou a riqueza que então era fruto do comércio, e não da terra; industriais, comerciantes e banqueiros estavam no topo do novo baralhamento. A mudança produziu uma luta febril pelo dinheiro, a pleonéxia, como os gregos a chamavam — um apetite para mais e mais. Os *nouveaux riches* (*neoplutoi*) construíram mansões chamativas, cobriram suas mulheres de joias e roupas caras, mimaram-nas com uma dúzia de empregados, rivalizaram entre si com os banquetes com que regalavam seus convidados. A diferença entre ricos e pobres se expandiu; Atenas foi dividida, como Platão afirmou, em "duas cidades: [...] uma cidade dos pobres, outra dos ricos, uma em guerra com a outra".[6] Os pobres planejavam despojar os ricos com a legislação, a tributação e a revolução; os ricos organizaram-se para se proteger dos pobres. Segundo Aristóteles, membros de algumas organizações oligárquicas fizeram um juramento solene: "Eu serei um adversário do povo" (i.e., da comunidade) "e no conselho farei todo o mal que puder".[7] "Os ricos tornaram-se tão antissociais", escreveu Isócrates em 366 a.c., "que quem possui propriedade prefere jogá-la ao mar a ajudar os necessitados, enquanto os que se encontram em uma situação de pobreza ficariam menos alegres se encontrassem um tesouro do que em arrancar as posses dos ricos".[8] Os cidadãos mais pobres tomaram o controle da Assembleia e começaram a votar que o dinheiro dos ricos mantido nos cofres do estado fosse redistribuído ao povo por meio das empresas governamentais e subsídios. Os políticos esforçaram-se para logo descobrir novas fontes de receita pública. Em algumas cidades, a descentralização da riqueza era mais direta: os devedores de Mitilene massacraram seus credores em massa; os democratas de Argos atacaram os ricos, matando centenas deles e confiscando suas propriedades. As famílias endinheiradas de outros estados igualmente hostis organizaram-se secretamente em uma liga para ajuda mútua contra as revoltas populares. A classe média, bem como os ricos, começou a desconfiar da democracia como inveja empoderada, e os pobres, por sua vez, desconfiavam dela porque a falsa igualdade dos votos anulava-se na desigualdade da riqueza. O ressentimento crescente da guerra de classes deixou a Grécia tão dividida internamente quanto internacionalmente quando Felipe da Macedônia a invadiu em 338 A.C. e muitos gregos ricos lhe deram boas-vindas, pois preferiam-no à revolução. A democracia ateniense desapareceu sob a ditadura macedônica.[9]

O reducionismo platônico da evolução política à sequência de monarquia, aristocracia, democracia e ditadura também pode ser ilustrado pela história de Roma. Durante o terceiro e o segundo séculos antes de Cristo, uma oligarquia romana organizou a política externa, disciplinou o exército, dominou e explorou o mundo mediterrâneo. A riqueza assim conquistada foi absorvida pelos patrícios, e o comércio resultante alçou a classe média alta à opulência e ao luxo. Os gregos conquistados, os orientais e os africanos foram trazidos à Itália como escravos do latifúndio; os agricultores nativos, expulsos de sua terra, juntaram-se a eles e formaram o proletariado nas cidades para usufruir do benefício de receber uma quantidade de grãos mensal que

Caio Graco distribuía aos pobres em 123 A.C. Generais e procônsules retornavam das províncias abarrotados de produtos das pilhagens para si próprios e para a classe dominante; os milionários se multiplicaram; o dinheiro móvel substituiu a terra como fonte ou instrumento de poder político; facções rivais competiam na compra por atacado de candidatos e votos; em 53 A.C., um grupo de eleitores recebeu a quantia de 10 milhões de sestércios pelo seu apoio.[10] Quando o dinheiro faltou, foi substituído pelo assassinato: cidadãos que votavam errado eram, em alguns casos, espancados até a morte e tinham suas casas incendiadas. A antiguidade nunca fora tão rica, tão poderosa, e nenhum governo, tão corrupto.[11] Os aristocratas comprometeram-se com Pompeu em manter sua ascendência; os plebeus tomaram o partido de César; a experiência penosa da batalha substituiu o leilão da vitória; César venceu e estabeleceu a ditadura popular. Os aristocratas o mataram, mas acabaram por aceitar a ditadura de seu sobrinho-neto e filho adotivo Augusto (27 A.C.). A democracia terminou, a monarquia foi restabelecida; a roda de Platão dera a volta completa.

Podemos inferir, a partir desses exemplos clássicos, que a democracia antiga, corroída pela escravidão, pela corrupção e pela guerra, não faz jus ao nome e não fornece um bom exemplo de governo popular. Nos Estados Unidos, a democracia tem uma base mais ampla. Começou com a vantagem da origem britânica: a lei anglo-saxônica, a qual, da Carta Magna em diante, defendera os cidadãos contra o estado; e o protestantismo, que abriu caminho para a liberdade mental e religiosa. A Revolução Americana não foi apenas uma revolta de colonos contra um governo distante; foi o levante de uma classe média nativa contra uma aristocracia importada. A rebelião foi atenuada e acelerada pela abundância de terras à disposição e o mínimo de legislação. Os homens eram os donos dos solos que cultivavam e (dentro dos limites da natureza) controlavam as condições em que viviam, tinham uma base econômica para a liberdade política, sua personalidade e seu caráter estavam enraizados na terra. Foram esses homens que elegeram Jefferson presidente — Jefferson, que era tão cético quanto Voltaire e tão revolucionário quanto Rousseau. Um governo que governava menos era admiravelmente adequado para libertar as energias individuais que transformaram a América de região selvagem em utopia materializada, de criança tutelada em rival e guardiã da Europa Ocidental. Enquanto o isolamento rural fez aumentar a liberdade do indivíduo, o isolamento nacional proporcionou liberdade e segurança cercada de mares protetores. Estas e outras centenas de condições deram à América a democracia mais elementar e universal que a história já conheceu.

Muitas dessas condições formativas desapareceram. O isolamento pessoal passou pelo crescimento das cidades. A independência pessoal passou pela dependência do trabalhador das ferramentas e do capital que ele não possui e das condições que ele não controla. A guerra passa a consumir mais, e o indivíduo é impotente para entender suas causas ou escapar de seus efeitos. A terra livre se foi, embora a propriedade de imóveis se espalhe — com o mínimo de terra disponível. O lojista, antigamente um pequeno empresário, hoje trabalha para o grande distribuidor e pode fazer eco da queixa de Marx de que tudo está em cadeia. A liberdade econômica, mesmo nas classes médias, torna-se mais e mais excepcional, fazendo da liberdade política uma pretensão consoladora. E tudo isso aconteceu não (como pensávamos em nossa juventude) por causa da perversidade dos ricos, mas por meio da fatalidade impessoal do desenvolvimento econômico e da natureza do homem. Todo avanço na complexidade da economia agrega um valor a mais à habilidade superior, e intensifica a concentração de riqueza, a responsabilidade e o poder político.

A democracia é a mais difícil de todas as formas de governo, uma vez que requer um alcance maior da inteligência, e nós nos esquecemos de nos tornarmos inteligentes quando nos tornamos soberanos. A educação se espalhou, mas a inteligência é perpetuamente retardada pela fertilidade do simples. Um cínico observou que "não se deve entronizar a ignorância só porque ela é abundante". No entanto, a ignorância não vem sendo entronizada, pois se presta à manipulação pelas forças que moldam a opinião pública. Talvez seja verdade, como Lincoln supôs, que "não é possível enganar todas as pessoas o tempo todo", mas é possível enganar muitas delas para governar um grande país.

A democracia é responsável pela atual depreciação da arte? A depreciação, claro, não é posta em dúvida. Trata-se de uma questão subjetiva, e aqueles de nós que estremecem diante de seus excessos — manchas coloridas sem sentido, colagens de detritos, babéis cacofônicas — estão sem dúvida aprisionados no passado e se embotam com a coragem da experiência. Os produtores de tal disparate não atraem o grande público — que os despreza como lunáticos, degenerados ou charlatões —, mas os crédulos compradores da classe média, que são hipnotizados por leiloeiros e ficam emocionados com o novo, apesar de deformado. A democracia é responsável por esse colapso apenas no sentido de que não foi capaz de desenvolver padrões e gostos para substituir aqueles com os quais as aristocracias uma vez mantiveram a imaginação e o individualismo dos artistas dentro dos limites da comunicação inteligível, a iluminação da vida e a harmonia das partes numa sequência lógica dentro de um todo coerente. Se a arte hoje parece perder-se em bizarrices não é só porque se vulgarizou pela sugestão da massa ou pela dominação, mas também porque exauriu as possibilidades das velhas escolas e das formas, e debate-se, por um tempo, na busca de novos padrões e estilos, novas regras e disciplinas.

Ao final desse balanço, a democracia fez menos o mal e mais o bem do que qualquer outra forma de governo. Ela deu à existência humana um entusiasmo e um companheirismo que superaram suas armadilhas e seus defeitos. Deu ao pensamento, à ciência e à iniciativa empreendedora a liberdade essencial para funcionar e crescer. Quebrou os muros dos privilégios e das classes e, a cada geração, fez as habilidades circularem em todas as posições e em todos os lugares. Sob seu estímulo, Atenas e Roma tornaram-se as cidades mais criativas da história, e os Estados Unidos proveram grande parte de sua população com uma abundância sem precedentes. Hoje, a democracia dedica-se decididamente a expandir o alcance e a duração da educação, e a manter a saúde pública. Se a igualdade de oportunidades educacionais pode ser estabelecida, a democracia será real e justificada. Pois esta é a verdade essencial sob suas palavras de ordem: que embora os homens não possam ser iguais, seu acesso à educação e às oportunidades tem de ser o mais equânime possível. Os direitos do homem não são direitos à função pública e ao poder, mas direitos de aceder a qualquer caminho que possa alimentar e testar suas capacidades para a função pública e para o poder. Um direito não é um dom de Deus ou da natureza, mas um privilégio que é bom para o grupo que o indivíduo tenha.

Na Inglaterra e nos Estados Unidos, na Dinamarca, Noruega e Suécia, na Suíça e no Canadá, a democracia hoje é mais sólida do que nunca. Ela se defendeu com coragem e energia dos assaltos da ditadura estrangeira e não cedeu à ditadura doméstica. Mas se a guerra continuar a absorvê-la e dominá-la, ou se a comichão para governar o mundo exigir grandes efetivos militares e apropriações, cada uma das liberdades da democracia pode sucumbir à disciplina das armas e dos conflitos. Se a guerra de raças e classes nos divide em dois grupos hostis, transformando a argumentação política em um ódio cego, um ou outro lado pode derrubar os processos eleitorais com as regras da espada. Se nossa economia de liberdade não consegue distribuir a riqueza tão bem como a criou, o caminho da ditadura estará aberto a qualquer homem que, por meio de persuasão, possa prometer segurança a todos; e um governo marcial, com frases encantadoras, irá engolir o mundo democrático.

10
História e Guerra

A guerra, ou a competição, é o pai de todas as coisas, a fonte potente de ideias, invenções, instituições e estados.

A GUERRA É UMA DAS CONSTANTES DA HISTÓRIA, E não diminuiu com a civilização e com a democracia. Nos últimos 3.421 anos de registros históricos, somente duzentos e sessenta e oito não testemunharam guerras. Reconhecemos a guerra hoje como a última forma de competição e seleção natural na espécie humana. "*Polemos pater panton*", disse Heráclito: a guerra, ou a competição, é o pai de todas as coisas, a fonte potente de ideias, invenções, instituições e estados. A paz é um equilíbrio instável, que pode ser preservado apenas pelo reconhecimento da supremacia ou pela igualdade de poder.

As causas das guerras são as mesmas da competição entre os indivíduos: ganância, belicosidade e orgulho; o desejo por comida, materiais, combustível e domínio. O estado tem nossos instintos sem nossas restrições; o indivíduo submete-se às restrições que lhe são impostas pela moral e pelas leis, e concorda em substituir o combate pelo colóquio, pois o estado garante a ele proteção básica para sua vida e para sua propriedade, e também aparato legal. O próprio estado não reconhece limitações substanciais, seja porque é forte o suficiente para desafiar qualquer interferência em sua vontade ou porque não há um superestado para oferecer proteção básica, e não há lei internacional ou código moral que exerça uma força efetiva.

No indivíduo, o orgulho acrescenta vigor nas competições da vida; no estado, o nacionalismo acrescenta força na diplomacia e na guerra. Quando os estados europeus liberaram-se da suserania e da proteção papal, cada estado encorajou o nacionalismo como um suplemento para o exército e para a marinha. Se houve previsão de conflito com um determinado país, o estado inoculou, em sua população, ódio àquele país e formulou palavras de ordem para que esse ódio chegasse a pontos letais; ao mesmo tempo, enfatizou seu amor pela paz.

Este recrutamento da alma para a fobia internacional ocorreu apenas nos conflitos mais elementares, e raramente recorreu-se a ele na Europa entre as guerras religiosas do século xvi e as guerras da Revolução Francesa. Durante esse intervalo, os povos das nações conflitantes estavam autorizados a respeitar as conquistas e as civilizações uns dos outros; os ingleses viajavam tranquilamente pela França enquanto a França estava em guerra com a Inglaterra; e os franceses e Frederico, o Grande, continuaram a se admirar mutuamente na Guerra dos Sete Anos. Nos séculos xvii e xviii, a guerra era uma disputa de aristocracias, e não de povos. No século xx, a melhoria da comunicação, dos transportes, das armas e dos meios de doutrinação fez da guerra uma luta entre povos, envolvendo civis e combatentes, e chega-se à vitória por meio da destruição total dos bens e da vida. Uma guerra pode,

HISTÓRIA E GUERRA

hoje, destruir o trabalho de séculos na construção de cidades, na criação da arte e no desenvolvimento de hábitos civilizatórios. Um consolo apologético é que a guerra hoje promove a ciência e a tecnologia, cujas invenções mortais, se não são esquecidas na privação universal e no barbarismo, podem ampliar as conquistas materiais durante a paz.

Em todos os séculos, generais e governantes (com raras exceções como Asoka e Augusto) sorriram para o tímido descontentamento dos filósofos em relação à guerra. Na interpretação militar da história, a guerra é o árbitro final, e é aceita como natural e necessária por todos, exceto pelos covardes e simplórios. O que, a não ser a vitória de Charles Martel em Tours (732), impediu a França e a Espanha de se tornarem países muçulmanos? O que teria acontecido com nossa herança clássica se não tivesse sido protegida por armas contra invasões mongóis e tártaras? Nós rimos dos generais que morrem de morte natural (e nos esquecemos de que são mais valiosos vivos do que mortos), mas construímos estátuas para eles quando repelem um Hitler ou um Gengis Khan. É lamentável (diz o general) que tantos jovens morram nos campos de batalha, mas eles morrem mais em acidentes automobilísticos do que na guerra, e muitos deles rebelam-se e decaem por falta de disciplina; eles precisam de uma saída para sua combatividade, para suas aventuras, seu enfado com a rotina banal; se mais cedo ou mais tarde morrerão, por que não deixá-los morrer por seu país na anestesia da batalha e na aura da glória? Até mesmo um filósofo, se sabe história, admitirá que períodos longos de paz enfraquecem os músculos marciais de uma nação. No presente, com a desproporção entre lei internacional e atitude, uma nação deve estar pronta para se defender a qualquer momento; e quando há questões que envolvem seus interesses essenciais, ela deve usar todos os meios que considerar necessários para sua sobrevivência. Os Dez Mandamentos devem silenciar-se quando a autopreservação estiver em jogo.

Claro (continua o general) que os Estados Unidos devem assumir hoje o papel desempenhado pela Grã-Bretanha no século XIX — a

89

proteção da civilização ocidental do perigo que vem de fora. Os governos comunistas, armados com antigas taxas de natalidade e modernas armas, proclamaram repetidamente sua determinação em destruir a economia e a independência dos estados não comunistas. Nações jovens, desejando uma Revolução Industrial que lhes dê riqueza econômica e poder militar, estão impressionadas com a rápida industrialização da Rússia sob administração estatal; o capitalismo ocidental pode ser mais produtivo no final das contas, mas parece ser mais lento no desenvolvimento; os novos governos, ansiosos para controlar os recursos e os homens de seus estados, são uma presa provável da propaganda comunista, da infiltração e da subversão. A menos que o processo de disseminação seja interrompido, é só uma questão de tempo antes que toda a Ásia, a África e a América do Sul tenham se curvado à liderança comunista, de modo que a Austrália, a Nova Zelândia, a América do Norte e a Europa Ocidental estarão cercadas de inimigos por todos os lados. Imagine o efeito dessa circunstância para o Japão, para as Filipinas e para Índia, e também para o poderoso Partido Comunista da Itália; imagine o efeito da vitória comunista na Itália sobre o movimento comunista na França. Grã-Bretanha, Escandinávia, Holanda e Alemanha Ocidental ficariam à mercê de um continente predominantemente comunista. A América do Norte, agora no auge do poder, poderia aceitar futuro tão inevitável, retirar-se de suas fronteiras e deixar-se circundar por estados hostis que controlam o acesso a materiais e mercadorias, forçando-a, como a todo povo assediado, a imitar seus inimigos e estabelecer a ditadura governamental em cada fase de sua vida, antes livre e estimulante? Os líderes dos Estados Unidos deveriam considerar apenas a relutância desta geração epicurista para enfrentar uma questão tão importante ou deveriam considerar também o que as futuras gerações de americanos desejariam que esses líderes tivessem feito? Não seria mais sensato resistir imediatamente, levar a guerra ao inimigo, lutar em terra estrangeira, sacrificar, se necessário, milhares de americanos e, talvez, milhares de não combatentes, mas deixar a América livre para

HISTÓRIA E GUERRA

viver sua própria vida em segurança e liberdade? Essa não seria uma política tão prudente de acordo com as lições da história?

O filósofo responde: sim, e os resultados devastadores estariam de acordo com a história, salvo se eles fossem multiplicados em proporção ao aumento do número e da mobilidade das forças envolvidas e à destrutividade incomparável das armas usadas. Há algo maior do que a história. Em algum lugar, em algum momento, em nome da humanidade, devemos desafiar os milhares de males precedentes e ousar aplicar a Regra de Ouro às nações, como fez o rei budista Asoka (262 A.C.),[1] ou, pelo menos, fazer o que Augusto fez quando mandou Tibério desistir da invasão à Alemanha (9 D.C.).[2] Recusemo-nos a repetir, a qualquer custo para nós mesmos, cem Hiroshimas na China. "A magnanimidade na política", afirma Edmund Burke, "raramente é a verdadeira sabedoria, e um grande império e mentes pequenas ficam doentes juntos".[3] Imagine um presidente americano dizendo o seguinte aos líderes da China e da Rússia:

"Se devemos seguir o curso normal da história, deveríamos declarar guerra a vocês por medo do que vocês possam vir a fazer daqui em diante. Ou devemos seguir o triste antecedente da Santa Aliança de 1815 e dedicarmos nossa riqueza e nossa juventude mais saudável para reprimir qualquer revolta contra a ordem existente em algum lugar. Mas respeitamos seus povos e suas civilizações como as mais criativas da história. Devemos tentar entender seus sentimentos, seu desejo de desenvolver suas próprias instituições sem medo de ataque. Não devemos permitir que nossos medos mútuos nos levem à guerra, pois o poder mortal incomparável de nossas armas e das suas traz à tona um elemento que não é familiar à história. Propomos enviar representantes que se juntarão ao seus para um colóquio para o ajuste de nossas diferenças, o fim das hostilidades e da subversão e a redução de nosso armamento; onde quer que, fora de nossas fronteiras, possamos nos ver competindo com vocês pela fidelidade de um povo, estaremos dispostos a apresentar uma eleição completa e justa para a população em questão. Vamos abrir nossas portas uns aos outros e organizar intercâmbios culturais para promover a apreciação mútua e a compreensão. Não temos medo de que seu sistema econômico possa substituir o nosso, nem vocês precisam temer que o nosso substitua o seu; acreditamos que cada um dos sistemas aprenderá com o outro a viver em cooperação e paz. Talvez cada um de nós, mantendo defesas adequadas, possa organizar pactos de não agressão e não subversão com outros estados e, a partir de tais acordos, uma nova ordem mundial possa tomar uma forma dentro da qual cada nação permanecerá soberana e única, limitada apenas pelos acordos de que foi signatária. Pedimos que se juntem a nós nesse desafio da história, essa resolução de estender cortesia e civilização para as relações entre os estados. Nós empenhamos nossa honra diante de toda a humanidade para entrar nesse empreendimento com total sinceridade e confiança. Se perdermos no jogo da história, os resultados não serão piores dos que podemos esperar da continuação das políticas tradicionais. Se conseguirmos, mereceremos um lugar na memória da humanidade nos séculos vindouros."

O general sorri. "Vocês se esqueceram de todas as lições da história", ele diz, "e da natureza do homem que você descreveu. Alguns conflitos são fundamentais demais para serem resolvidos com negociações e, durante negociações prolongadas (se a história for nosso guia), a subversão continuaria. Uma ordem mundial não resultará de um acordo de cavalheiros, mas da vitória decisiva de um grande poder que ditará e aplicará o direito internacional, como fez a Roma de Augusto e de Aurélio. Interlúdios de paz generalizada são antinaturais e excepcionais; em breve, serão encerrados por mudanças na distribuição do poder militar. Você nos disse que o homem é um animal competitivo, que seus estados devem ser como ele e que a seleção natural hoje opera no plano internacional. Os estados se unirão em cooperação básica apenas quando atacados de fora. Talvez agora estejamos inquietos, movendo-nos para o platô mais alto da competição; podemos fazer contato com espécies ambiciosas de outros planetas ou estrelas, e logo haverá uma guerra interplanetária. Então, e só então, seremos os únicos desta terra".

11
Crescimento e Decadência

O Cerco de Bagdá, em 1258, promovido pelos mongóis, destruiu toda a cidade, que permaneceu despopulada e em ruínas por vários séculos, e levou ao fim da Era de Ouro Islâmica.

DEFINIMOS CIVILIZAÇÃO COMO "ORDEM SOCIAL que promove a criação cultural".[1] É a ordem política, assegurada por meio dos costumes, da moral e da lei, e a ordem econômica, assegurada por meio da continuidade de produção e troca; é a criação cultural por meio da liberdade e de facilidades de organização, expressão, teste e fruição de ideias, literatura, modos e artes. É uma rede intricada e precária de relações humanas, construída laboriosamente e logo destruída.

Por que a história está repleta de ruínas de civilizações e parece nos dizer, como Shelley no soneto "Ozymandias", que a morte é o

destino de todos? Há alguma regularidade, no processo de crescimento e decadência, que nos permite prever nosso futuro a partir do
curso das civilizações passadas?

Certos espíritos imaginativos pensaram assim, até mesmo para
prever o futuro em detalhes. Na quarta écloga, Virgílio anunciou que,
um dia, com a ingenuidade da mudança esgotada, todo o universo,
por acidente ou desígnio, cairá em uma condição que é exatamente a
mesma de uma antiguidade esquecida, e que então repetirá, por fatalidade determinista e em cada detalhe, todos os eventos que já aconte-
ceram antes.

*Alter erit tum Tiphys, et altera quae vehat Argo
delectos heroas; erunt etiam altera bella,
atque iterum ad Troiam magnus mittetur Achilles.*

"E então haverá outro [profeta] Tífis, e outro Argo carregará
[Jasão e outros] heróis amados; haverá também outras guerras, e o
grande Aquiles será enviado a Troia."[2] Friedrich Nietzsche ficou louco
com essa visão do "eterno retorno". Não há nada tão tolo, mas pode
ser encontrado nos filósofos.

A história se repete, mas apenas em linhas gerais e em grande
escala. Podemos certamente esperar que no futuro, assim como no passado, alguns novos estados ascendam, e alguns antigos estados entrem
em declínio; que novas civilizações comecem com pastos e agricultura,
evoluam para o comércio e a indústria e se deleitem com as finanças;
que o pensamento (como Vico e Comte argumentaram) passe, no conjunto, do sobrenatural ao mitológico e a explicações naturalistas; que
novas gerações se rebelem contra as antigas e passem da rebeldia à conformidade e à reação; que experiências na moral afrouxem a tradição e
assustem seus beneficiários, e que a excitação da inovação seja esquecida por causa da falta de preocupação com o tempo. A história se
repete em grande escala porque a natureza muda em lentidão

CRESCIMENTO E DECADÊNCIA

geológica, e o homem é dotado para responder de maneira estereoti-
pada a situações que ocorrem com frequência e a estímulos como a
fome, o perigo e o sexo. Mas numa civilização desenvolvida e complexa,
os indivíduos são mais diferenciados e únicos do que nas sociedades
primitivas, e muitas situações contêm novas circunstâncias que exigem
modificações das respostas instintivas; os costumes retrocedem, a argumentação se dissemina; os resultados são menos previsíveis. Não há
certeza de que o futuro repetirá o passado. Cada ano é uma aventura.

Alguns autores têm procurado restringir as regularidades indisci-
plinadas da história em paradigmas majestosos. O fundador do socialismo francês, Claude-Henri de Rouvroy, conde de Saint-Simon
(1760-1825), dividiu o passado e o futuro em uma alternância de períodos "orgânicos" e "críticos":

> A lei do desenvolvimento humano... revela dois estados distin-
> tos e alternados da sociedade: um, orgânico, no qual todas as
> ações humanas são classificadas, previstas e reguladas por uma
> teoria geral, e o propósito da atividade social é claramente defi-
> nido; outro, crítico, em que todo o conjunto de pensamentos,
> toda a ação comum e toda a coordenação deixaram de existir, e
> a sociedade é apenas um aglomerado de indivíduos separados
> em conflito uns com os outros.
>
> Cada um desses estágios ou condições ocupou dois perío-
> dos da história. Um período orgânico precedeu a era grega que
> denominamos idade de filosofia, mas que deveríamos chamar
> mais apropriadamente de idade do criticismo. Mais tarde, outra
> doutrina surgiu, teve fases diferentes de elaboração e conclusão
> e, finalmente, estabeleceu seu poder político sobre a civilização
> ocidental. A constituição da Igreja iniciou uma nova época orgâ-
> nica, que terminou no século xv, quando os reformadores fize-
> ram soar a chegada da nova idade do criticismo que continua
> até nossos dias. [...]

12 LIÇÕES DA HISTÓRIA

Nas idades orgânicas, os problemas básicos [teológicos, políticos, econômicos, morais] receberam pelo menos soluções provisórias. Mas logo o progresso alcançado com a ajuda dessas soluções, e sob a proteção das instituições criadas por meio delas, tornou-as inadequadas e demandou novidades. Épocas críticas — períodos de debates, protestos, [...] e transição substituíram o velho estado de espírito por dúvida, individualismo e indiferença aos grandes problemas. [...] Em períodos orgânicos, os homens estão ocupados em construir; em períodos críticos, estão ocupados em destruir.[3]

Saint-Simon acreditava que o estabelecimento do socialismo daria início a uma nova era orgânica de crença unificada, organização, cooperação e estabilidade. Se o comunismo puder se revelar triunfante na nova ordem da vida, a análise de Saint-Simon e sua previsão seriam justificadas.

Oswald Spengler (1880-1936) variou o esquema de Saint-Simon ao dividir a história em duas civilizações separadas, cada qual com vida e trajetórias independentes compostas de quatro estações, mas essencialmente dois períodos: um de organização centrípeta, que une uma cultura em todas as suas fases em uma forma única, coerente e artística; o outro, um período de desorganização centrífuga, em que crença e cultura decompõem-se em divisão e crítica e terminam no caos do individualismo, do ceticismo e das aberrações artísticas. Enquanto Saint-Simon esperava ansiosamente o socialismo como a nova síntese, Spengler (como Talleyrand)* olhava para a aristocracia como a era em que vida e pensamento eram consistentes e ordenados e constituíam uma obra de arte viva.

---

* Charles-Maurice de Talleyrand-Périgord (1754-1838) foi um bispo, político e diplomata francês. Foi Primeiro-Ministro da França durante o reinado de Luís XVIII, após a restauração francesa e Ministro dos Negócios Estrangeiros.

CRESCIMENTO E DECADÊNCIA

Para a vida no Ocidente, a distinção encontra-se no ano de 1800 — de um lado dessa fronteira, a vida em plenitude e segurança de si mesma, formada pelo crescimento de dentro, em uma grande, ininterrupta evolução da infância do gótico a Goethe e Napoleão; de outro, a vida outonal, artificial e desenraizada de nossas grandes cidades, sob formas talhadas pelo intelecto. [...] Aquele que não entende que esse resultado é obrigatório e insuscetível a modificações deve renunciar a todos os desejos de compreender a história.[4]

Em um ponto, todos estão de acordo: as civilizações começam, prosperam, declinam e desaparecem — ou permanecem como lagos estagnados deixados por córregos antes doadores de vida. Quais são as causas do desenvolvimento e quais são as causas do declínio?

Nenhum aluno leva a sério a noção do século XVII de que os estados surgiram de um "contrato social" entre indivíduos ou entre o povo e o governante. Provavelmente, muitos estados (i.e., sociedades politicamente organizadas) tomaram forma por meio da conquista de um grupo por um outro, e o estabelecimento de uma força contínua sobre o conquistado pelo conquistador; seus decretos eram as primeiras leis; e estas, acrescentadas aos costumes do povo, criavam uma nova ordem social. Alguns estados da América do Sul obviamente começaram desse jeito. Quando os dominantes organizaram o trabalho de seus dominados para tirar proveito de uma bênção física (como os rios do Egito ou da Ásia), a previsão econômica e a provisão constituíram outra base para a civilização. Uma tensão perigosa entre governantes e governados poderia aumentar a atividade intelectual e emocional acima da inação diária das tribos primitivas. Um estímulo adicional para o crescimento poderia vir de qualquer mudança desafiadora no ambiente circundante,[5] como invasão externa ou a escassez contínua de chuvas — mudanças que poderiam ser enfrentadas com melhorias militares ou a construção de canais de irrigação.

97

Se deslocarmos o problema bem para trás e nos perguntarmos o que determina se um desafio será fácil ou difícil de enfrentar, descobriremos que depende da presença ou da falta de iniciativa e de indivíduos criativos com clareza de ideias e poder da vontade (o que é quase uma definição de gênio), capazes de respostas efetivas para novas situações (que é quase uma definição de inteligência). Se perguntarmos o que faz um indivíduo criativo, recuamos de novo da história à psicologia e à biologia — à influência do meio ambiente e do acaso e segredo dos cromossomos. Em todo caso, um desafio enfrentado com êxito (como pelos Estados Unidos em 1917, 1933 e 1941), se não esgota o vencedor (como a Inglaterra em 1945), eleva a têmpera e o nível de uma nação e a torna mais capaz de enfrentar mudanças futuras.

Se estas são as fontes do crescimento, quais as causas da decadência? Iremos supor, com Spengler e muitos outros, que cada civilização é um organismo, natural e misteriosamente dotado do poder do desenvolvimento e da fatalidade da morte? É tentador explicar o comportamento de grupos por meio da fisiologia ou da física e atribuir a deterioração de uma sociedade a um limite inerente do valor ou do teor da vida, ou a alguma baixa irreparável da força interna. Tais analogias podem oferecer esclarecimentos provisórios, como quando comparamos a associação dos indivíduos à agregação de células, ou a circulação do dinheiro de banqueiro a banqueiro aos movimentos cardíacos de sístole e diástole. Mas um grupo não é um organismo acoplado fisicamente a partes individuais; não tem cérebro e estômago próprios; tem de pensar ou sentir com o cérebro e os nervos de seus membros. O motivo de o grupo ou a civilização declinar não é a limitação mística da vida corpórea, mas a incapacidade de seus lideres intelectuais e políticos em responder aos desafios da mudança.

Os desafios provêm de várias fontes, e podem, por repetição ou combinação, alcançar intensidade destruidora. Chuvas ou oásis podem não dar conta e deixar a terra seca até a esterilidade. O solo pode se esgotar por causa de uma agricultura incompetente ou do uso

CRESCIMENTO E DECADÊNCIA

indevido. A substituição da mão de obra livre pela escrava pode reduzir os incentivos à produção, deixando as terras desocupadas e as cidades, mal alimentadas. Uma mudança nos instrumentos ou nas rotas comerciais — como a conquista dos oceanos e do ar — pode fazer entrar em declínio antigos centros da civilização, como Pisa e Veneza. Os impostos podem subir ao ponto de desencorajar o investimento de capital e o estímulo à produção. Mercados externos e materiais podem ser perdidos para um concorrente mais empreendedor; o excesso de importações sobre as exportações pode drenar o metal precioso das reservas domésticas. A concentração de riquezas pode perturbar uma nação com a luta de classes ou a luta racial. A concentração da população e da pobreza em grandes cidades pode obrigar um governo a escolher entre debilitar a economia com um subsídio e correr o risco de um motim ou de uma revolução.

Uma vez que a desigualdade cresce em uma economia em expansão, uma sociedade pode encontrar-se dividida entre a minoria culta e a maioria de homens e mulheres desafortunados por natureza ou circunstância para herdar ou desenvolver padrões de excelência e gosto. À medida que a maioria aumenta, atua como um entrave cultural para a minoria; seus modos de falar, se vestir, se divertir, sentir, julgar e pensar disseminam-se, e a barbárie interna da maioria é parte do preço que a minoria paga pelo controle das oportunidades econômicas e de educação.

À medida que a educação se dissemina, as teologias perdem credibilidade e recebem uma conformidade de fora que não influencia a conduta ou a esperança. A vida e as ideias tornam-se cada vez mais seculares, ignorando as explicações sobrenaturais e os temores. O código moral perde a aura e a força à medida que sua origem humana é revelada e a vigilância divina e as sanções são removidas. Na Grécia clássica, os filósofos destruíram a fé antiga nas classes instruídas; em muitas nações da Europa moderna, os filósofos obtiveram um feito semelhante. Protágoras tornou-se Voltaire; Diógenes, Rousseau; Demócrito, Hobbes; Platão, Kant; Trasímaco, Nietzsche; Aristóteles,

Spencer; e Epicuro, Diderot. Na Antiguidade e na modernidade, o pensamento analítico anulou a religião que havia reforçado o código moral. Surgiram novas religiões, mas elas se divorciaram das classes dominantes e não contribuíram com o estado. Um tempo de ceticismo e de epicurismo enfastiado seguiu-se ao triunfo do racionalismo sobre a mitologia no último século depois do cristianismo.

Pego no intervalo relaxado entre um código moral e outro, uma geração sem amarras entrega-se ao luxo, à corrupção e à insaciável desordem moral e familiar, em um processo que não se vincula mais aos velhos comportamentos e às velhas restrições. Poucos se identificam com a frase "é bom e honroso morrer pelo país". O insucesso na liderança pode fazer com que o país se enfraqueça com os conflitos internos. No final do processo, a derrota decisiva na guerra traz o golpe final, ou a invasão bárbara de fora se associa ao barbarismo de dentro para completar a civilização.

Um quadro deprimente? Não totalmente. A vida não tem direitos sobre a eternidade, tanto dos indivíduos quanto dos estados. A morte é natural, e se ela vier no tempo devido, é perdoável e útil, e a mente madura não se ofenderá com sua chegada. As civilizações morrem? De novo: não totalmente. A civilização grega não está completamente morta; apenas sua moldura desapareceu e seu habitat mudou-se e se espalhou; ela sobrevive na memória da raça, e tão abundante que nenhuma vida, por mais curta ou longa que seja, pode absorvê-la por completo. Homero tem mais leitores hoje do que quando era vivo, em sua terra. Os poetas e filósofos gregos estão em todas as bibliotecas e escolas; neste momento, Platão está sendo estudado por milhares de descobridores de "aquele caro prazer" da filosofia inundando a vida com a compreensão do pensamento. Essa sobrevivência seletiva das mentes criativas é a mais real e benéfica das imortalidades.

Nações morrem. Regiões antigas ganham aridez ou sofrem outras mudanças. Homens resilientes pegam suas ferramentas, suas coisas e suas artes e seguem adiante levando consigo suas memórias. Se a

CRESCIMENTO E DECADÊNCIA

educação aprofundou e aumentou essas memórias, a civilização emigra com eles, que constroem, em algum outro lugar, suas casas. Na nova terra, ele não precisa começar do zero, nem abrir seu caminho sem ajuda; a comunicação e o transporte ligam-no, como em uma placenta, com seu país natal. Roma importou a civilização grega e a transmitiu à Europa; a América beneficiou-se da civilização europeia e se prepara para passá-la com uma técnica de transmissão nunca antes igualada.

As civilizações são as criações da alma racial. Uma vez que a vida substitui a morte com a reprodução, a cultura que envelhece transmite seu patrimônio a seus herdeiros ao longo dos anos e pelos mares. Mesmo enquanto estas linhas estão sendo escritas, o comércio e a imprensa, fios e ondas e o mercúrio invisíveis do ar estão ligando nações e civilizações, preservando o que cada uma tem a dar para a herança da humanidade.

12
O Progresso é Real?[1]

Charge ilustrando a Revolta da Vacina, capitaneada por Oswaldo Cruz, ocorrida em 1904, que erradicou a Varíola na cidade do Rio de Janeiro, mas teve de ser imposta à população, que, desinformada, reagiu com igual violência.

OPOSTO A ESTE PANORAMA DE NAÇÕES, DE CÓDIGOS de moral e religiões que se fortalecem e declinam, a ideia de progresso encontra-se em uma forma duvidosa. Trata-se apenas de uma ostentação vaidosa e tradicional da geração "moderna"? Como não admitimos nenhuma mudança substancial na natureza do homem durante os tempos históricos, os avanços tecnológicos terão de ser reduzidos a meros novos meios para alcançar velhos fins — a aquisição de bens, a busca de um sexo pelo outro (ou pelo mesmo), a superação da competição, a luta em guerras. Uma das descobertas desencorajadoras de nosso século é que a ciência é neutra: ela matará por nós tão prontamente quanto curará, e destruirá por nós tão rapidamente quanto construirá. Quão inadequado parece hoje o lema orgulhoso de Francis Bacon "Conhecimento é poder"! Às vezes, sentimos que a Idade Média e o Renascimento, que davam mais importância à mitologia e às artes que à ciência e ao poder, podem ter sido mais sábios do que nós, que repetidamente aumentamos nosso instrumental sem melhorar nossos propósitos.

Nosso progresso na ciência e na tecnologia tem vestígios do bem e do mal. Nossos confortos e nossas conveniências podem ter enfraquecido nosso vigor físico e nossa fibra moral. Desenvolvemos imensamente nossos meios de locomoção, mas alguns de nós os usam para facilitar o crime e para matar o próximo ou a nós mesmos. Nós duplicamos, triplicamos, centuplicamos nossa velocidade, mas destroçamos nossos nervos no processo, e somos os mesmos primatas a três mil quilômetros por hora que éramos quando tínhamos apenas pernas. Aplaudimos as curas e as incisões da medicina moderna se elas não trazem nenhum efeito colateral pior do que as doenças; gostamos da assiduidade de nossos médicos em sua corrida louca com a capacidade de resistência dos micróbios e a criatividade das doenças; agradecemos pelos anos a mais que a medicina nos dá quando não são um prolongamento penoso de doenças, de deficiências, de tristezas. Multiplicamos por cem nossa habilidade de aprender e de reportar os eventos do dia e do planeta, mas às vezes invejamos nossos antepassados, cuja paz era somente interrompida pelas notícias do vilarejo. Melhoramos as condições de vida para trabalhadores habilidosos e para a classe média, mas deixamos que nossas cidades se ulcerassem com guetos sombrios e favelas lodosas.

Divertimo-nos com nossa emancipação da teologia, mas será que desenvolvemos uma ética natural — um código moral independente da religião — forte o bastante para manter nossos instintos de aquisição, belicosidade e sexo incapazes de lançar nossa civilização num mar de ganância, crime e promiscuidade? Superamos de fato a intolerância ou simplesmente a transferimos do âmbito religioso para o das hostilidades

O PROGRESSO É REAL?

a nações, ideologias e raça? Nossos comportamentos são melhores do que antes, ou piores? "Comportamentos", disse um viajante do século XIX, "vão ficando piores quando se vai do Oriente para o Ocidente; são ruins na Ásia, não tão bons na Europa e péssimos nos estados ocidentais da América";[2] e agora o Oriente imita o Ocidente. Nossas leis ofereceram ao criminoso muita proteção contra a sociedade e o estado? Demo-nos mais liberdade do que nossa inteligência é capaz de digerir? Ou estamos nos aproximando daquela desordem moral e social que fez pais assustados correrem para a Mãe Igreja e implorar para disciplinar seus filhos, a qualquer custo para a liberdade intelectual? O progresso da filosofia, desde Descartes, foi um erro por não ter reconhecido o papel do mito para o consolo e controle do homem? "Conforme aumenta o conhecimento, aumenta a tristeza, e muita sabedoria é sofrimento."[3]

Houve algum progresso na filosofia desde Confúcio? Ou na literatura desde Ésquilo? Estamos certos de que nossa música, com suas formas complexas e suas orquestras poderosas, é mais profunda que a de Palestrina,* ou mais musical e inspiradora do que as monodias que os árabes medievais cantavam para sobrepujar o ato de tocar mal um instrumento simples? (Edward Lane disse acerca dos músicos do Cairo: "Fiquei mais encantado com sua música... do que com qualquer outra que já escutei e gostei".[4]) Que tal nossa arquitetura contemporânea — ousada, original e impressionante como é — comparada com os templos do antigo Egito e da Grécia, ou nossa escultura comparada com as estátuas de Quéfren e de Hermes, ou nossos baixos-relevos, com os de Persépolis e do Partenon, ou nossas pinturas, com as de van Eyck ou Holbein? Se "a substituição do caos pela ordem é a essência da arte e da civilização",[5] a pintura contemporânea na América e na Europa Ocidental é a substituição da ordem

---

* Giovanni Pierluigi da Palestrina (1525-1594) foi um compositor italiano da Renascença. Toda a sua produção é vocal, mas as vozes podiam ser dobradas por instrumentos. Exerceu grande influência na música sacra da Igreja Católica.

12 LIÇÕES DA HISTÓRIA

pelo caos, e um símbolo vivo da recaída de nossa civilização numa decadência confusa e desestruturada?

A história é tão indiferentemente rica que um argumento a partir do qual se pode chegar a qualquer conclusão pode ser desenvolvido a partir de uma seleção de exemplos. Escolhendo nossa evidência com um viés mais positivo, podemos chegar a reflexões mais confortantes. Mas primeiro, talvez, devêssemos definir o que o progresso significa para nós. Se ele significa aumento da felicidade, o caso está perdido já à primeira vista. Nossa capacidade de inquietação é infinita, e não importa quantas dificuldades tenhamos superado ou quantos ideais tenhamos realizado, sempre encontraremos uma desculpa para sermos magnificamente miseráveis; há um prazer furtivo em rejeitar a humanidade ou o universo como indignos de nossa aprovação. Parece tolice definirmos progresso em termos daquilo que faria de uma criança um produto da vida mais importante e avançado do que um adulto ou um sábio — pois, certamente, a criança é o mais feliz dos três. Uma definição mais objetiva é possível? Aqui, definiremos progresso como o controle crescente do meio ambiente pela vida. É um teste que serve para os organismos inferiores como também para o homem.

Não devemos exigir do progresso que ele seja contínuo ou universal. Obviamente há retrocessos, assim como há períodos de fracasso, fadiga e descanso em um indivíduo que está se desenvolvendo; se o presente estágio representa um avanço no controle do meio ambiente, então o progresso é real. Podemos presumir que, em quase todos os momentos da história, algumas nações estavam progredindo e outras entravam em declínio, como a Rússia progride hoje e a Inglaterra perde terreno. A mesma nação pode progredir em um campo da atividade humana e retroceder em outro, como a América progride hoje em tecnologia e retrocede nas artes gráficas. Se acharmos que o tipo de genialidade prevalecente em países jovens, como os Estados Unidos e a Austrália, tende à praticidade, à inventividade, à cientificidade e à execução mais do que à pintura e à poesia, a esculpir estátuas ou palavras,

106

devemos entender que cada era e lugar precisa e requer alguns tipos de habilidade mais do que outras na busca pelo controle ambiental. Não devemos comparar o trabalho de uma terra e de um tempo com o crivo do melhor do passado. Nosso problema é se o homem médio tem mais possibilidades de controlar suas condições de vida.

Se tomarmos uma visão de longo alcance e compararmos nossa existência moderna, precária, caótica e mortífera que seja, com a ignorância, a superstição, a violência e as doenças dos povos primitivos, não ficaremos completamente sem esperança. As camadas mais baixas das sociedades civilizadas podem ainda diferir pouco dos bárbaros, mas, acima desse nível, milhares, milhões alcançaram um nível mental e moral raramente visto no homem primitivo. Sob as tendências complexas da vida na cidade, às vezes nos refugiamos na suposta simplicidade dos comportamentos pré-civilizados; mas, em nossos momentos menos românticos, sabemos que se trata de uma reação a tarefas reais e que a idolatria a selvagens, assim como outros comportamentos dos jovens, é uma expressão impaciente da inadaptação adolescente, da habilidade consciente ainda não amadurecida e confortavelmente posicionada. O "selvagem amigável e gracioso" pode ser muito bom para seu escalpelo, seus insetos e sua sujeira. Um estudo das tribos primitivas remanescentes revela alta taxa de mortalidade infantil, baixa longevidade, menor vigor e velocidade, mais suscetibilidade a doenças.[6] Se o prolongamento da vida indica maior controle do meio ambiente, então as tabelas de mortalidade proclamam o avanço do homem, pois a longevidade na Europa e na América brancas triplicou nos últimos três séculos. Algum tempo atrás, uma convenção de agentes funerários discutia a ameaça a sua indústria proveniente da morosidade dos homens em marcar seu encontro com a morte.[7] Mas se os agentes funerários são desprezíveis, o progresso é real.

No debate entre antigos e modernos, não fica absolutamente claro que os antigos detenham o prêmio. E se contarmos uma conquista trivial: que a fome foi eliminada nos estados modernos e que um único país pode produzir alimento para suprir suas necessidades e ainda enviar centenas de milhões de espigas de milho para os países necessitados? Estamos prontos para criticar a ciência, que diminuiu a superstição, o obscurantismo, a intolerância religiosa, ou a tecnologia, que disseminou comida, conforto, educação e lazer sem precedentes? Será que realmente preferimos a ágora ateniense ou as assembleias romanas ao parlamento britânico ou ao congresso americano, ou estaríamos contentes com os pequenos direitos políticos como os de Ática ou com a seleção de governantes por uma guarda pretoriana? Preferiríamos viver sob as leis da república ateniense ou do império romano do que sob as constituições que hoje nos garantem o *habeas corpus*, um julgamento por júri, liberdade intelectual e a emancipação da mulher? Nossa moral, por mais fraca que seja, é pior do que a do bissexual Alcebíades, ou algum presidente americano imitou Péricles, que viveu com uma cortesã instruída? Envergonhamo-nos de nossas grandes universidades, de nossas numerosas editoras ou de nossas generosas bibliotecas públicas? Havia grandes dramaturgos em Atenas, mas eles eram melhores do que Shakespeare? E Aristófanes era tão profundo e humano quanto Molière? A oratória de Demóstenes, Isócrates e Ésquines era superior à de Chatham, Burke e Sheridan? Devemos posicionar Gibbon abaixo de Heródoto e Tucídides? Há algo na antiga ficção em prosa que se compare em alcance e em profundidade ao romance moderno? Podemos conceder a superioridade dos antigos na arte, embora muitos de nós ainda prefiram a Notre Dame de Paris ao Partenon. Se os fundadores dos Estados Unidos pudessem voltar à América, ou Fox e Bentham à Inglaterra, Voltaire e Diderot a Paris, eles nos censurariam como ingratos por não vermos a sorte que temos de viver hoje — e não em um mundo sob Péricles e Augusto?

Não devemos nos perturbar com a probabilidade de nossa civilização morrer como qualquer outra. Como Frederico perguntou às tropas em retirada em Kolin: "Vocês viveriam para sempre?"[8] Talvez seja desejável que a vida tome novas formas, que novas civilizações e novos centros tomem sua vez. Enquanto isso, o esforço para enfrentar o Oriente em ascensão pode revigorar o Ocidente.

O PROGRESSO É REAL?

Dissemos que uma grande civilização nunca morre completamente — *non omnis moritur*. Algumas conquistas preciosas sobreviveram a todas as vicissitudes dos estados que ascendem e declinam: a descoberta do fogo e da luz, a invenção da roda e de outras ferramentas básicas; a linguagem, a escrita, a arte e a música; a agricultura, a família, os cuidados com os pais; a organização social, a moralidade e a caridade; o uso do ensino para transmitir a sabedoria da família e da raça. Esses são os elementos da civilização, e eles foram mantidos tenazmente por meio da arriscada passagem de uma civilização para outra. São o tecido conjuntivo da história humana.

Se a educação é a transmissão da civilização, estamos progredindo inquestionavelmente. A civilização não é herdada; ela tem de ser aprendida e recebida por cada geração novamente; se a transmissão tivesse de ser interrompida por um século, a civilização morreria e seria selvagem de novo. Então, nossa maior conquista contemporânea é nosso gasto de riqueza e trabalho sem precedentes para fornecer ensino superior a todos. Noutros tempos, as faculdades eram um luxo projetado para a metade masculina da classe ociosa;* hoje, as universidades são tão numerosas que quem as percorre pode tornar-se um PH.D. Pode ser que não tenhamos superado os gênios da Antiguidade, mas elevamos o nível e a média do conhecimento mais do que qualquer outra era na história.

Só uma criança se lamentará por nossos professores ainda não terem erradicado os erros e as superstições de dez mil anos. A grande experiência apenas começou, e ainda pode ser derrotada pela alta taxa de natalidade da ignorância teimosa e doutrinada. Mas qual seria o fruto completo da educação se toda criança estudasse até pelo menos os seus vinte anos e tivesse acesso gratuito à universidade, a bibliotecas e a museus que abrigam e oferecem tesouros intelectuais e artísticos

---

* Expressão cunhada pelo economista americano Thorstein Veblen em 1899 no ensaio *Teoria da classe ociosa*. Nele, Veblen expõe o conceito do consumo ostentatório, i.e., consumo com o propósito de mostrar riqueza (N. do T.).

da raça? Considere a educação não como acumulação dolorosa de fatos, datas e reinos, nem somente a preparação necessária do indivíduo para ganhar a vida, mas como a transmissão de nossa herança mental, moral, técnica e estética, o máximo possível para o maior número possível de pessoas, para o aumento da compreensão do homem, o controle, o embelezamento e o gozo da vida.

A herança que hoje podemos transmitir mais completamente é mais rica que antes. É mais rica que a de Péricles, pois inclui tudo o que floresceu depois dele na Grécia; mais rica que a de Leonardo da Vinci, pois inclui todo o Renascimento italiano; mais rica que a de Voltaire, pois abrange todo o Iluminismo francês e sua disseminação ecumênica. Se o progresso é real apesar de nossa queixa, não é porque nascemos mais saudáveis, melhores ou mais sábios do que os bebês do passado, mas porque nascemos com uma herança mais rica, em um nível mais alto desse pedestal que a acumulação de conhecimento e da arte faz resultar como base e apoio de nosso ser. A herança aumenta e o homem se eleva à medida que a recebe.

A história é, acima de tudo, registro e criação dessa herança; o progresso é sua abundância crescente, preservação, transmissão e uso. Para aqueles de nós que estudam a história não apenas como um aviso das loucuras e dos crimes do homem, mas como lembrança encorajadora de almas generosas, o passado deixa de ser uma câmara deprimente de horrores; torna-se uma cidade celestial, um país espaçoso da mente em que milhares de santos, estadistas, inventores, cientistas, poetas, artistas, músicos, amantes e filósofos ainda vivem e falam, ensinam, esculpem e cantam. O historiador não lamentará porque não pode ver nenhum significado na existência humana, a não ser o que o homem nela coloca; que seja nosso orgulho que nós mesmos possamos colocar significado em nossas vidas, e, às vezes, um significado que transcende a morte. Se um homem for afortunado, recolherá, antes de morrer, o máximo que puder de sua herança civilizada e a transmitirá a seus filhos. E, em seu último suspiro, será grato por todo esse legado inesgotável, sabendo que se trata de nosso alimento nutritivo e de nossa vida duradoura.

NOTAS

Introdução

1. Sédillot, René, *L'Histoire n'a pas de sens*.
2. Durant, *Our Oriental Heritage*, 12.
3. *Age of Faith*, 979.
4. Sédillot, 167.
5. *The Reformation*, viii.
6. *The Age of Reason Begins*, 267.

Capítulo 1

1. Pascal, *Pensées*, n. 347.
2. Platão, *Fédon*, n. 109.

Capítulo 2

1. *Caesar and Christ*, 193, 223, 666.

Capítulo 3

1. Gobineau, *Inequality of Human Races*, XV, 210.
2. *Ibid*, 211.
3. *Ibid*, 36-7.

12 LIÇÕES DA HISTÓRIA

4. In Todd, A. J., *Theories of Social Progress*, 276.
5. Ver *Our Oriental Heritage*, 934-38.

CAPÍTULO 5

1. *Caesar and Christ*, 211.
2. *The Renaissance*, 576.
3. *Our Oriental Heritage*, 275.
4. *The Reformation*, 761.
5. *The Age of Reason Begins*, 394.
6. *The Age of Voltaire*, 64.
7. *Our Oriental Heritage*, 265.
8. *The Reformation*, 763.
9. *The Age of Voltaire*, 487.
10. Gibbon, Edward, *Decline and Fall of the Roman Empire*, 1, 314.

CAPÍTULO 6

1. *Caesar and Christ*, 296-97.
2. *The Age of Faith*, 525-26.
3. Platão, *Laws* [Leis], n. 948.
4. *Our Oriental Heritage*, 205-13.
5. *Ibid.*, 416-19, 434, 504.
6. Renan, *The Apostles*, xxxiii.
7. Lemaître, *Jean Jacques Rousseau*, 9.
8. Durant, *The Mansions of Phylosophy*, 568.

CAPÍTULO 7

1. *The Reformation*, 752.
2. *The Age of Louis XIV*, 720.
3. Plutarco, *Life of Solon* [Vida de Sólon].
4. *The Life of Greece* [Vida da Grécia], 112-18.
5. Plutarco, *Tiberius Gracchus* [Tibério Graco].
6. *Caesar and Christ*, 111-22, 142-44, 180-208.

CAPÍTULO 8

1. *Encyclopaedia Britannica*, v.ii, 962b.
2. *Our Oriental Heritage*, 231. Revisamos as datas informadas para o Hamurabi.

NOTAS

3. *The Life of Greece*, 587-92.
4. Paul-Louis, *Ancient Rome at Work*, 283-85.
5. *Caesar and Christ*, 641 f.
6. Szuma Ch'ien in Granet, Marcel, *Chinese Civilization*, 113.
7. *Ibid.*
8. *Our Oriental Heritage*, 700f. As datas apresentadas serão revistas para nova edição.
9. Gowen e Hall, *Outline History of China*, 142.
10. In Carter, Thomas, *The Invention of Printing in China and its Spread Westward* [A Invenção da Imprensa na China e sua Disseminação no Ocidente], 183.
11. *Our Oriental Heritage*, 724-26.
12. *The Age of Reason Begins*, 249-51.
13. Kautsky, Karl, *Communication in Central Europe in the Time of Reformation*, 121, 130.
14. *The Reformation*, 383, 391, 398-401.

Capítulo 9

1. Renan, Marc, *Aurele*, 479.
2. Gibbon, *Decline and Fall*, 1, 131.
3. Gomme, A.W., *The population of Athens in the Fifth and Fourth Centuries B.C.*, 21, 26, 47, *Life of Greece*, 254.
4. Thucydides, *Peloponnesian War* [Tucídides, *Guerra do Peloponeso*], iii 10, *Life of Greece*, 284.
5. Platão, *República*, n.s 56064.
6. *Ibid.* n. 422.
7. Aristóteles, *Politics* [Política], n. 1310.
8. Isócrates, *Works* [Trabalhos], "Archidamus" n. 67.
9. Este parágrafo foi copiado de *The Life of Greece*, 46466.
10. *Caesar and Christ*, 128-30.
11. *Ibid.*

Capítulo 10

1. *Our Oriental Heritage*, 446.
2. *Caesar and Christ* [*César e Cristo*], 218.
3. In Seebohm, *The Age of Johnson*, xiii.

Capítulo 11

1. *Our Oriental Heritage*, I.
2. Ver *The Mansions of Philosophy*, 355; Toynbee, *A Study of History*, IV, 27f.
3. Extraído da *Exposition de la doctrine Saint-Simonienne* [*Exposição da Teoria de Saint-Simon*], in Toynbee, I, 199.
4. Spengler, *Decline of the West*, 1 353, 90, 38.
5. Esta é a teoria inicial de Toynbee em *Study of History* [*Estudo da História*], I, 271f.

Capítulo 12

1. Este capítulo utiliza algumas passagens do ensaio sobre o mesmo tema em *The Mansions of Philosophy*.
2. Anon, in Bagehot, *Physics and Politics* [*Física e política*], 110.
3. Eclesiastes, I, 18.
4. Lane, Edward, *Manners and Customs of Modern Egyptians* [*Comportamentos e costumes dos egípcios modernos*], II, 66.
5. *Our Oriental Heritage*, 237.
6. Todd, *Theories of Social Progress* [*Teorias do progresso social*], 135.
7. Siegfried, André, *America Comes of Age*, 176.
8. *Rousseau and Revolution*, Ch.II, Sec. iii in William Coxe, *History of the House of Austria* [*História da Casa da Áustria*], III, 379.

GUIA PARA OS LIVROS

MENCIONADOS NAS NOTAS

ARISTOTLE, *Politics*. Everyman's Library.

BAGEHOT, W ALTER, *Physics and Politics*. Boston, 1956.

CARTER, THOMAS F., *The Invention of Printing in China and Its Spread Westward*. Nova York, 1925.

COXE, WILLIAM, *History of the House of Austria*, 3V. Londres, 1847.

DURANT, WILL, *The Mansions of Philosophy*. Nova York, 1929.

DURANT, WILL e ARIEL, *The Story of Civilization*:

    I. *Our Oriental Heritage*. Nova York, 1935.

    II. *The Life of Greece*. Nova York, 1939.

    Ill. *Caesar and Christ*. Nova York, 1944.

    IV. *The Age of Faith*. Nova York, 1950.

    V. *The Renaissance*. Nova York, 1953.

    VI. *The Reformation*. Nova York, 1957.

    VII. *The Age of Reason Begins*. Nova York, 1961.

    VIII. *The Age of Louis XIV*. Nova York, 1963.

    IX. *The Age of Voltaire*. Nova York, 1965.

    X. *Rousseau and Revolution*. Nova York, 1967.

Encyclopaedia Britannica, edição de 1966.

GIBBON, EDWARD, *The Decline and Fall of the Roman Empire*, ed. Milman, 6v. Nova York: Nottingham Society, sem data.

GOBINEAU, J. A. DE, *The Inequality of Human Races*. Londres, 1915.

GOMME, A. W., The *Population of Athens in the Fifth and Fourth Centuries B.C.* Oxford, 1933.

GOWEN, H. H., e HALL, JOSEF, *Outline History of China*. Nova York, 1927.

12 LIÇÕES DA HISTÓRIA

GRANET, MARCEL, *Chinese Civilization*. Nova York, 1930.

ISOCRATES, *Works*. Loeb Library.

KAUTSKY, KARL, *Communism in Central Europe in the Time of the Reformation*. Londres, 1897.

LANE, EDWARD, *Manners and Customs of the Modern Egyptians*, 2V. Londres, 1846.

LEMAÎTRE, JULES, *Jean Jacques Rousseau*. Nova York, 1907.

PASCAL, BLAISE, *Pensées*. Everyman's Library.

PAUL-LOUIS, *Ancient Rome at Work*. Londres, 1927.

PLATO, *Dialogues*, tr. Jowett, 4V. Nova York: Jefferson Press, sem data.

PLUTARCH, *Lives*, 3V. Everyman's Library.

RENAN, ERNEST, *The Apostles*. Londres: Methuen, sem data.

_____, *Marc Aurèle*. Paris: Calman-Lévy, sem data.

SÉDILLOT, RENÉ, *L'Histoire n'a pas de sens*. Paris, 1965.

SEEBOHM, FREDERICK, *The Age of Johnson*. Londres, 1899.

SIEGFRIED, ANDRÉ, *America Comes of Age*. Nova York, 1927.

SPENGLER, OSWALD, *The Decline of the West*, 2V. Nova York, 1927.

THUCYDIDES, *History of the Peloponnesian War*. Everyman's Library.

TODD, A. J, *Theories of Social Progress*. Nova York, 1934.

TOYNBEE, ARNOLD J., *A Study of History*, IOV. Londres, 1934f.

Índice Remissivo

As datas entre parênteses que sucedem nomes próprios referem-se ao nascimento, exceto quando precedidas por *r.*, quando indicam a duração do reinado, papado ou mandato. A data precedida por *ft.* indica *floruit.** Todas as datas são D.C. a não ser quando indicado em contrário.

A

Abelardo, Pedro (1079–1142) 56

Áccio 60

Adriano, imperador de Roma (r. 117–138), 74, 75

África 30, 81, 90

Agricultura, 21, 40, 42, 44, 50, 57, 63, 65, 66, 98

Mecanização, avanços tecnológicos, 21, 63

Estágio da história econômica, 40, 44, 50, 57

Controle da agricultura pelo estado, 65, 66 *passim*

Alcebíades (c. 450–404 A.C.) 108

Alcorão, 23, 29

Alemanha, 15, 21, 22, 27, 28, 48, 91

Suprimento de alimentos e taxa de natalidade, 21, 22

Teorias racistas, 27, 28

A Igreja e a Guerra dos Trinta Anos, 48

Alexandre, o Grande, Rei da Macedônia, (r. 336–323 A.C.) 11

Alexandria, 65

América, 28, 29, 31, 41, 42, 44, 51, 56, 59, 70, 77, 82, 83, 90, 101, 105, 106, 107, 108

Pintura contemporânea na, 105

---

* Floruit, abrev. ft., significa florescer, e é largamente utilizado na escrita histórica. Seu uso ocorre quando as datas de nascimento ou morte são desconhecidas, mas há uma ou outra evidência que indica quando uma pessoa esteve viva. (N. do T.)

12 LIÇÕES DA HISTÓRIA

Progresso na, 29, 31, 41, 106, 107
ver também América do Norte
América do Sul
Estados Unidos da América
América Central, 14, 29
América do Norte, 26, 30, 90
América do Sul, 26, 29, 30, 57, 90, 97
América Latina, 26, 29, 69
ver também América do Sul
Amon, religião de 52
Anabatistas, 70
Anarquismo, 71,
Angkor Wat, 29
Anglos, 28, 31
Anglo-saxões na América, 23, 27, 31
Antônio Pio, imperador de Roma (r. 138–61) 74, 75
A queda da grande raça (Grant), 27
Aquenaton (Amenhotep IV), rei do Egito (r. 1380?–1362 A.C.), 52
Aqueus 28
Árabes, 105
Aretino, Pietro (1492–1556) 42
Argos 81
Ariosto, Ludovico (1474–1533) 42
Aristocracia, 55, 61, 75, 76, 77, 78, 81, 82, 84, 96
E a Revolução Francesa, 61, 77, 78
E governo, 75, 76, 78, 81, 82
E as artes, 55, 76, 78, 84, 96
Aristófanes (450–385 A.C.) 108
Aristóteles (384–322 A.C.) 80, 99
Arquitetura, 105
Arte e artistas 26, 29, 31, 35, 44, 76, 84, 89, 105, 108, 109, 110
Da Atenas de Péricles, 78
Um aspecto da civilização, 26, 31, 76, 89, 96, 105, 109
Asoka, rei de Magadha (r. 273–232 A.C.) 89, 91
Ásia, 14, 28, 30, 57, 90, 97, 105

Ásia Menor, 28, 30
Assíria, 29
Asteca, 29
Ateísmo, 52
Atenas, 26, 28, 30, 59, 60, 78, 79, 80, 81, 84, 108
Democracia de, 26, 78, 79, 80,
Guerra de classes em, 81,
E a Guerra do Peloponeso, 28, 78
Ática, 28, 78, 108
Augsburgo, 58
Augusto, Caio Otavio, imperador de Roma (r. 27 A.C.–14 D.C.), 42, 56, 60, 66, 74, 89, 91, 92
E guerra, 42, 74, 89, 91, 92
E conquista do Egito, 56, 66
E a Pax Romana, 60, 74
Aurélio, Marco *ver* Marco Aurélio Antônio
Austerlitz, 70
Austrália, 28, 90, 106
Áustria, 15
Avião, impacto na civilização, 16

B

Babilônia, 29, 46, 65
Bach, Johann Christian (1735–82) 44
Bacon, Francis (1561–1626), 49, 104
Balcãs, 27, 30
Banqueiros e bancos, 56, 58, 80, 98,
Bayle, Pierre, 50
Berkeley, George 15
Bernhardi, Friedrich von 27
Bíblia, 23, 29, 49, 70
Biologia e história, 17
Bismark, Otto von (1815–98) 74
Black, Joseph (1728–99) 44
Boswell, John Eastburn (1740–95) 43
Brasil, 16
Buckle, Henry Thomas (1821–62) 14
Buda (563?–?483 A.C.) 52, 56

ÍNDICE REMISSIVO

Burke, Edmund (1729–97) 77, 91, 108

C

Caça, um estágio da história
econômica, 19, 40

Cairo, 105

Calígula (Caio Cesar Germânico),
imperador de Roma (r. 37–41), 74

Calvino, João (1509–64) 19, 23

Canadá, 21, 26, 85

Canossa, 47

Capela Sistina, 50

Capitalismo e capitalistas, 51, 63, 70,
71, 72, 90

Caráter e história, 33

Carlos Magno, rei dos Francos
(r. 768–814), imperador do Ocidente
(r. 800–14) 29

Carlyle, Thomas (1795–1881), 36

Cartago, 29

Carta Magna, 82

Catilina (Lúcio Sérgio Catilina 108–62
A.C.), 60

Catolicismo, 23, 51,
ver também Igreja Católica Romana

Celtas, 30, 31

César, Caio Júlio (100–44 A.C.), 20, 22,
42, 44, 60, 74, 82

Chamberlain, Houston Stewart (1855–
1927), 27

Charles Martel (688–741), 89

Chatham, Willim Pitt, conde de (1708–
78) 108

Chaumette, Pierre Gaspard (1763–94) 52

China, 15, 16, 67, 68, 91

Churchill, Winston (1874–1965) 36

Cícero, Marco Túlio (106–43 A.C.) 60

Ciência, 10, 11, 26, 36, 42, 49, 52, 65, 68,
84, 89, 104, 108,
E religião, 49, 52, 108,
E guerra, 10, 89, 104

Cimérios, 28

Citas, 27

Civilização, 14, 16, 19, 20, 26, 27, 29,
30, 31, 32, 44, 52, 53, 57, 87, 90, 92,
93, 95, 97, 98, 99, 100, 101, 104, 105,
106, 108, 109

Clima e, 14, 26, 27
Efeito do avião na, 16

Controle de natalidade e, 20, 21, 23,
29, 90,
Raça e, 26, 27, 29, 30, 31, 100, 105,
109
Ascenção e queda da, 9, 26, 27, 29,
Guerra e, 19, 44, 52, 87, 100,
Definição de, 93
A visão de Spengler da, 96, 98

Civilização micênica, 30

Classes, 23, 34, 38, 46, 51, 52, 55, 56, 60,
67, 68, 72, 77, 78, 79, 81, 82, 83, 84,
85, 99, 100, 104, 109,
Conflito entre 38, 46, 55, 60, 61, 67, 68,
79, 81, 82, 85, 99

Cleland, John (*fl.* c. 1749) 43

Cleópatra VII, rainha do Egito (r.
51–49, 48–30 A.C.), 56

Clima e história, 14, 30

Clovis I, rei dos Francos (r. 481–511),
29

Colombo, Cristóvão (1451–1506) 15

Cômodo, Lucio Hélio Aurélio,
imperador de Roma (r. 180–92) 75

Competição, 18, 19, 20, 35, 55, 76, 87,
88
Primeira lição biológica da história,
18
Como estimulo para conquistas
capitalistas, 18, 55, 76

Comportamentos, 10, 56, 100, 104, 107

Comte, Augusto 94

Comunismo, 46, 51, 54, 70, 71, 96
E religião, 46, 51, 54, 70

12 LIÇÕES DA HISTÓRIA

Na Rússia, 54, 71
Na Europa, 70
Concordata de 1807, 52
Confissões de Westminster, 50
Confúcio (551–479 A.C.), 105
Constantino I, o Grande, imperador
de Roma (r. 306?–337) 47
Contrato social, 97
Controle da natalidade, 22, 23
Copérnico, Nicolau (1473–1543), 49
Córcira (Corfu), 78
Cowper, William (1731–1800), 11
Crescimento e decadência, 93, 94, 98,
Creta, 28, 30
Cristianismo, 29, 50, 51, 52, 53, 100
Cromwell, Oliver, Lorde Protetor da
Inglaterra (r. 1653–58), 70
Crotona, colonia grega em 30
Cruzadas 29, 56
Cultura maia, 29

D
Dante Alighieri (1265–1321), 27
Dardanelos, 56
Declaração de Independência, 19
Declaração dos Direitos do Homem,
19
Deístas ingleses, 49
Democracia, 26, 55, 59, 64, 74, 75,
77, 78, 79, 80, 81, 82, 83, 84, 85, 87
passim
Em Atenas, 26, 78, 79, 80,
E concentração de riquezas, 75, 76, 83
Na América, 78, 82, 83, 85,
E educação, 83, 85
Demócrito (*fl.* 400 A.C.) 99
Demóstenes (385–322 A.C.) 108
Descartes, Rene (1596–1650) 105
Desenvolvimento econômico, 19, 77,
83
Três estágios na história do, 40

Desigualdade dos homens, 19, 20, 25,
46, 78,
Desmoulins, Camille (1760–94), 28
Deus, morte de, 49
Dez Mandamentos, 43, 46, 89
Diderot, Denis (1713–84) 100, 108
Dinamarca, 85
Dinamarqueses 31
Dinastia Ptolomaica 65
Dinheiro, 44, 56, 58, 67, 77, 80, 81, 82, 98
Diocleciano, imperador de Roma (r.
284–305) 66
Diógenes (412?–323 A.C.), 99
Ditadura, 80, 81, 82, 85, 90
Doação de Constantino 47
Domiciano, imperador de Roma (r.
81–96), 74
Donne, John (1573-1631) 49
Dórios, 28, 30
Dravídicos, povos 29
Durazzo, colônia grega em 30
Durer, Albrecht (1471–1528) 56

E
Economia e história do homem, 55-61
ver também Capitalismo
Socialismo
Edictum de pretiis (Diocleciano), 66
Edison, Thomas Alva (1847–1931) 37
Educação, 20, 22, 32, 36, 42, 51, 52, 68,
72, 83, 85, 99, 101, 108, 109, 110
E inteligência, 22, 83
E ódio racial, 85
E religião, 42, 51, 52, 99
No século XI na China, 67, 68
Governo e apoio a, 20, 68, 85,
E civilização, 32, 101, 109
Éfeso, 30
Egito, 15, 26, 30, 46, 52, 56, 65, 66, 97,
105
Vantagens geográficas, 15, 26, 30

ÍNDICE REMISSIVO

Religião do, 52
Conquista romana do, 56, 66
Economia controlada pelo estado do, 65
Engels, Friedrich (1820–95) 71
Epicuro (342–270 A.C.), 100
Erasmo de Roterdã (1466?–1536), 77
Escandinávia, 28, 90
Escravidão, 47, 58, 68, 80, 82
Escultura, 105
Espanha, 23, 57, 70, 89
Esparta, 28, 30
Ésquilo (525–456 A.C.) 105
Ésquines (389–314 A.C.) 108
Essai sur l'inégalité des races humaines (Gobineau), 25
Essay on Population (Malthus), 21
Estados Unidos da América 15, 20, 21, 22, 23, 26, 42, 52, 53, 61, 74, 78, 82, 85, 89, 90, 91, 98, 106, 108
  Desenvolvimento industrial, 15, 41
  Agricultura e suprimento de alimentos, 21
  Moral e religião, 23, 26, 52, 53
  Concentração da riqueza nos, 61
  Democracia nos, 78, 82, 85
E civilização ocidental, 90
Etrúria, 30
Europa, 15, 22, 27, 29, 41, 42, 43, 88, 99, 101, 105
  Taxa de natalidade na, 22, 29
  Diferenças raciais na, 27, 88
  Moral e religião na, 29, 41, 42, 43, 99
  ver também Europa Ocidental
Europa Ocidental, 30, 42, 47, 83, 90, 105, 107
  Civilização da, 30,
EUA e a, 30, 42, 83, 105, 107
Evolução, 18, 19, 21, 36, 78, 81, 97
Eyck, Hubert van (1366?–1426), Eyck, Jan van (1370?–1440), 105

F

Família Fugger 58
Família Liu, 68
Família Rothschild, 58
Farinelli, Carlo Broschi (1705–82), 44
Felipe II, rei da Macedônia (r. 350–336 A.C.), 81
Fenícia, 29, 30
Filipinas, 90
Filosofia, 11, 48, 49, 50, 52, 68, 95, 100, 105
  História e, 11
  E religião, 48, 49, 52, 105
Florença, 15, 28, 58
Ford, Henry (1863–1947) 37
Fox, Charles James (1749–1806) 77, 108
França, 15, 16, 21, 23, 28, 47, 48, 51, 52, 53, 61, 75, 88, 89, 90, 96
  População e suprimento de alimentos, 15, 21, 61
  E a Igreja, 23, 51, 52, 53, 89
  Guerras religiosas da, 48
Francos, 21, 28
Frederico II, o Grande, rei da Prússia (r. 1740–86), 11, 88, 108
Frígios, 28

G

Gália 20, 21, 28
Gama, Vasco da (1469?–1524), 15
Gengis Khan, governante mongol (r. 1206–1227), 49, 89
Gênova, 15
Geografia e história, 15
Geologia e história, 14
Gibbon, Edward (1737–94) 43, 74, 108
Gobineau, conde Joseph-Arthur de (1816–82) 25, 26
Godos, 28
Goethe, Joahnn Wolfgang von (1749–1832), 97

12 LIÇÕES DA HISTÓRIA

Governo e história, 73

Grã-Bretanha *ver* Inglaterra

Graco, Caio Semprônio (153–121 A.C.) 74, 82

Graco, Tibério Semprônio (162?–133 A.C.), 60, 74

Grant, Madison (1865–1937), 27, 28, 29

Grécia, 22, 28, 29, 30, 42, 44, 51, 78, 81, 99, 105, 110
 Colônias da, 28, 30
 Conquista da, 28, 78
 Cultura e civilização, 29, 30, 42, 44, 105, 110
 Moral e religião, 22, 42, 51, 99
 Lutas políticas, 81
 ver também Atenas

Gregório VII (Hildebrando), papa, (r. 1073–85), 47

Grundlagen des neunzehnten Jahrhunderts (Chamberlain), 27

Guerra dos Sete Anos, 88, 30,

Guerra dos Trinta Anos, 29, 48

Guerra, 10, 12, 16, 18, 19, 50, 66, 83, 88, 89, 104 *passim*
 Poder aéreo na, 16
 E moral e religião, 50
 Causas da, 19, 66, 83, 88
 E ciência, 10, 89, 104

Guerras napoleônicas, 29

Guerras religiosas, França 48

H

Hamurábi, rei da Babilônia (r. 1750?–?1708 A.C.) 46, 65

Haydn, Franz Joseph (1732–1809) 44

Hébert, Jacques Rene (1757–94) 52

Hegel, Georg Wilhelm Friedrich (1770–1831), 72

Henrique IV do Sacro Império Romano-germânico (r.1056–1106), 47

Heráclito (século VI–V A.C.), 30, 87

Hermes, estátua de, 105

Heródoto (século V A.C.), 108

Hiroshima, 91

Hitler, Adolf (1889–1945), 27, 56, 89

Hobbes, Thomas (1588–1679) 99

Holanda, 50, 70, 90

Holbein, Hans, o Jovem (1497?–1543), 105

Homero (século IX, A.C.), 100

Homossexualidade, 42, 43

Horácio (Quinto Horácio Flaco 65–8 A.C.), 56

Hut, Hans (*fl.* 1530), 70

I

Idade Média, 46, 104

Igreja Anglicana, 52

Igreja Católica Romana, 23, 47, 52, 61, 77, 105
 Nos EUA, 23
 E estado, 47
 Na França 23, 52

Igualdade e liberdade, opostos 19, 59, 72, 80

Iluminismo, França, 23, 50, 110

Iluminismo, Grécia, 51

Incas, 69

Índia, 15, 28, 29, 52, 57, 90

Índios, América do Norte, 26

Índios, América do Sul 69
 ver também Incas

Indústria, um estágio na história econômica, 16, 22, 40, 57

Inferno, desaparecimento da ideia de, 50

Inglaterra, 16, 20, 21, 28, 31, 43, 44, 49, 52, 70, 71, 77, 85, 88, 98, 106, 108
 Aspectos econômicos, 16, 20, 70, 77
 E França, 16, 21, 88
 Moral e religião na, 43, 49, 52

ÍNDICE REMISSIVO

E os objetivos dos Levellers [niveladores] utópicos, 70, 71
Democracia na, 85
Inglaterra da Restauração, 43
Inocêncio III (Giovani Lotario de' Conti), papa (r. 1198–1216), 47
Inquisição, 47
Invencível Armada, 15
Islã 29
Isócrates (436–338 A.C.) 108
Israel, 16
Itália, 15, 23, 28, 30, 42, 44, 51, 56, 60, 81, 90
Moral e religião, 42, 44, 51
Partido Comunista na, 90

J

Jackson, Andrew (1767–1845), 78
Jacqueries, 61
Japão, 15, 90
Jefferson, Thomas (1743–1826), 83
Jesuítas, 69, 70
Jesus Cristo, 10, 14, 27, 49, 50, 51
João de Leiden (1509–36) 70
Jogo, 92
Judeus, 29, 39, 46
Jutos, 31

K

Kant, Immanuel (1724–1804) 99
Kapital, Das [*O capital*] (Marx), 71
Keats, John (1795–1821), 56
Khmers, 29

L

Laissez-faire 20, 69
Lane, Edward (1801–76), 105
Lei, 47, 58, 60, 82, 88, 89, 93, 95
ver também Lei Internacional
Lei anglo-saxônica, 82

Lei internacional, 88, 89
Lênin, Nikolai (1870–1924), 37, 71
Leonardo da Vinci (1452–1519), 110
Lesbos, 30
Levantes de Gordon (Londres, 1780) 57
Levellers, 70
Liberdade e igualdade, opostos 19, 59, 72, 80
Liberum veto, 74
Licurgo (século IX A.C.), 30
Liga de Delos, 56
Lincoln, Abraham (1809–65), 84
Linguagem 109
Literatura, 30, 31, 43, 44, 51, 55, 65, 67, 76, 78, 93, 105
Grega, 30, 44, 78
E a Igreja, 51
E a aristocracia, 76, 78
Litta, conde Cavaliere Agostino (*fl.* 1755), 44
Lombardos, 28
Londres, 57, 58
Lucrécio (96?–55 A.C.) 46
Luís XIV, rei da Franca (r. 1643–1715) 75, 76
Lutero, Martinho (1483–1546) 23, 46, 77

M

Macedônia, 28, 81
Madras, 29
Maiorias e minorias, 37, 75, 99
Maistre, conde Joseph de (1753–1821), 53
Málaga, colônias gregas em, 30
Malthus, Thomas Robert (1766–1834), 21
Manifesto comunista, 71
Mântua, duque de (*fl.* c. 1520–50) 42
Mao Tsé-tung (1893–1976), 37

12 LIÇÕES DA HISTÓRIA

Maomé (570–632), 29, 36
Maometanos (muçulmanos), 29
Máquinas e mecanização, 42, 57, 63
Mar Mediterrâneo, 15, 30
Marco Antônio, 60
Marco Aurélio Antônio, imperador de
 Roma (r. 161–180), 74, 75
Mário, Caio (157–86 a.c.), 42
Marselha, colônia grega em, 30
Marx, Karl (1818–83), 37, 55, 56, 71,
 72, 83
Massacres de Setembro (1792), 57, 77
Médici, banco dos, 56, 58
Memórias de uma mulher de prazer
 (Cleland) 43
Menés, rei do Egito (r. c. 3500 a.c.), 46
Mesopotâmia, 15
Michelangelo Buonarroti (1475–1564) 50
Milão, 28
Mileto, 30
Mitilene 81
Molière (Jean Baptiste Poquelin; 1622–
 73); 108
Mônaco, colônia grega em 30
Monarquia, 74, 75, 81, 82,
Mongóis, 57, 89
Monogamia, 41
Montaigne, Michel Eyquem de (1533–
 92) 43
Montesquieu, Charles Louis de
 Secondat, barão de La Brede e de
 (1689–1755); 14
Moral, 32, 37, 39, 40, 41, 42, 44, 46, 47,
 48, 50, 51, 53, 55, 58, 66, 76, 79, 88,
 93, 94, 99, 100, 104, 105, 107, 108
 E religião, 46, 47, 48, 50, 53
 Afrouxamento contemporâneo da,
  42, 44, 55, 66, 94, 99, 100, 104
 E o estado, 39, 51
Morgan de Nova York, 58
Morse, Samuel F.B. (1791–1872), 37

Mouros, 57
Mozart, Wolfgang Amadeus (1756–91),
 44
Muçulmanos *ver* Maometanos
Mulheres, 23, 40, 41, 42, 43, 50, 51, 78,
 80, 99
Münster, Vestfália, 70
Münzer, Thomas (1489?–1525), 70
Música, 27, 69, 105, 109

N

Nacionalismo, 47, 88
Napoleão I, imperador da Franca
 (r.1804–14, 1815), 10, 36, 45, 52, 97
Nápoles, colônia grega em 30
Natureza humana, 9, 33, 34, 71
Negros, 30
Neolítico, 40
Nero, imperador de Roma (r. 54–68), 74
Nerva, Marco Coceio, imperador de
 Roma (r. 96–98), 74, 75
Nice, colônia grega em, 30
Nietzsche, Friedrich Wilhelm (1844–
 1900), 22, 94, 99
Nínive, 43
Normandos, 28, 31
Noruega, 85
Notre Dame de Paris, 108
Nova Inglaterra, 31
Nova Zelândia, 90
Numa Pompílio, lendário rei de Roma
 (r. 715–673 a.c.), 46
Nuremberg 56

O

Oceano Atlântico, 15, 74
Oceano Pacífico, 15
Ocidente, 15, 56, 97, 105, 108
 Declínio do, 15
Oligarquia, 78, 81
Oriente, 23, 56, 105, 108

ÍNDICE REMISSIVO

Oscos 28
Otavio, *ver* Augusto
"Ozymandias" (Shelley) 93

P

Paganismo, 53
Palestina, 29
Palestrina, Giovanni Pierluigi da
(1526?–94), 105
Palmira, 15
Panteísmo, 50
Paris, 50, 52, 57, 58, 77, 79, 108
E a Revolução Francesa, 50, 57, 77, 79
Partenon, 56, 105, 108
Pascal, Blaise (1623–62), 14
Pasteur, Louis (1822–95), 37
Paulo, São (m. 67?), 27
Pax Romana, 60, 74,
Péguy, Charles Pierre (1873–1914), 10
Peloponeso, Guerra do 28, 42, 78
Péricles (460–430 A.C.), 28, 78, 108, 110
Persépolis, 105
Pérsia, 28, 56,
Peru, 69
Petra, 15
Petrônio, Caio (m. 66?), 46
Pintura, 105, 106
ver também Arte e artistas
Pio VII (Luigi Barnaba Chiaramonti),
papa (r. 1800–23), 52
Pisa, 15, 99
Pitt, William (O Velho), *ver* conde de
Chatham
Pizarro, Francisco (1471–1541), 69
Platão (427?–347 A.C.), 15, 34, 51, 78,
79, 80, 82, 99, 100
Visões políticas, 78, 79, 80
Plutarco (46?–?120), 59
Polônia, 74
Pombal, Sebastião Jose de Carvalho e
Mello, marquês de (1699–1782), 70

Pompeu, o Grande (106–48 A.C.), 42, 82
Pope, Alexander (1688–1744), 73
População, 21, 23, 57, 65, 72, 78, 79, 85,
88, 91, 99
Portugal, 70
Povo inglês, 27, 28, 31, 34, 88,
Povos alpinos, 28, 29
Povos mediterrâneos, 28, 29
Preços e controle de preços, 58, 64, 66,
67, 68, 76, 99
Presbiterianos, 50
Primeira Guerra Mundial 27, 29
Progresso, 42, 96, 103, 104, 105, 106,
107, 110
Definição de, 106
Proletariado, 60, 81,
Prostituição, 42
Protágoras (século V A.C.), 99
Protestantismo, 82
Puchberg, Michael (*fl.* 1788), 44
Puritanismo, 53

Q

Quéfren, rei do Egito (r. c. 2850 A.C.),
105

R

Raça, 10, 12 18, 22, 25, 26, 27, 28, 29, 30,
31, 38, 74, 100, 105, 109, 110
Raça ariana, 25, 27, 29 *passim*
Raça nórdica, 28
Reforma Protestante 23, 49, 51, 61 70
Reggio Calabria, colônia grega em 30
Regra de ouro, 91
Religião 12, 31, 32, 44, 45, 46, 48, 49, 50,
51, 52, 53, 54, 55, 100, 104
Religião maniqueísta, 48
Renan, Ernest (1823–92), 53, 74
Renascimento, 15, 28, 42, 56, 104, 110
República (Platão) 79
Revolução

125

12 LIÇÕES DA HISTÓRIA

Revolução Americana, 82

Revolução Francesa, 19, 50, 53, 56, 57, 61, 76, 77, 78, 88
   Questão religiosa na, 50, 53
   E os Massacres de Setembro, 57, 61
   Guerras da, 88

Revolução Francesa, A (Taine) 77

Revolução Industrial, 41, 51, 55, 70, 72, 90

Revolução Russa, 71

Richelieu, Armand-Jean du Plessis de, cardeal (1585–1642), 74

Riqueza, concentração de, 58, 59, 60, 61, 63, 76, 83, 99

Robespierre, Maximilien de (1758–94) 28, 52

Roma (império), 22, 28, 29, 30, 42, 44, 46, 56, 57, 66, 75, 81, 84, 92, 101
   Queda de, 28, 44, 57, 75
   Civilização de, 30, 44
   Moral na, 22, 42
   Conquista do Egito, 56
   Conflito de classes em, 78
   Socialismo em, 66, 71
   E a Pax Romana, 60, 74
   Conquista da Grécia, 28, 78, 101

Rosenberg, Alfred (1893–1946), 27

Rotas comerciais, 15, 56, 99

Rousseau, Jean Jacques (1712–78), 52, 56, 75, 83, 99

Rússia, 16, 20, 27, 28, 54, 57, 71, 77, 90, 91, 106
   Sociedade comunista, 54, 71
   História inicial, 27
   Industrialização da, 90

S

Saara, 14

Safo (n. 612? A.C.), 30

Saint-Simon, Claude-Henri de Rouvroy, conde de (1760–1825), 95, 96

Salamina, Batalha de (480 A.C.), 15

Samas, 46

Sânscrito, 28

Santa Aliança de 1815, 91

Saxões, 31

Scarlatti, Domenico (1685–1757), 44

Seitas protestantes, 49

Semitas, 29

Servidão, 67, 71

Sexo, 37, 38, 40, 41, 65, 80, 95, 103, 104

Shakespeare, William (1564–1616), 108

Shelley, Percy Bysshe (1792–1822) 93

Sheridan, Richard Brinsley (1751–1816), 108

Sicília, 28

Silvestre I, papa (r. 314–35), 47

Siracusa, colônia grega em, 30

Sistema de castas, 28

Socialismo, 55, 63, 66, 67, 71, 72, 95, 96

Sócrates (470?–399 A.C.) 42, 78, 79

Sofistas, 44, 51

Sólon (638?–?558 A.C.), 30, 59, 61, 78

Spencer, Herbert (1820–1903), 100

Spengler, Oswald (1880–1936), 96, 98

Suécia, 85

Suíça, 23, 85

Sula, Lucio Cornélio (138–78 A.C.), 42

Suméria, 64

Suprimento de alimentos e população, 15, 21, 61

Szuma Ch'ien (145–86 A.C.) 67

T

Taine, Hyppolyte Adolphe (1828–93), 77

Tales de Mileto (*fl.* 600 A.C.) 30

Talleyrand-Perigord, Charles-Maurice de (1754–1838), 96

Taranto, colônia grega em, 30

Tártaros, 89

Teatro, 51, 78

ÍNDICE REMISSIVO

Teutões, 27, 28
Tibério, imperador de Roma (r. 14–37), 91
Tiruchirapalli 29
Tours, batalha de (732), 89
Toynbee, Arnold J. (1889–1975) 75
Trabalho e emprego, 22, 35, 64, 68, 69, 70, 76, 78, 89, 97, 107, 109
Trajano, imperador de Roma (r. 98–117), 74, 75
Trasímaco (*fl.* seculo V A.C.), 42, 99
Treitschke, Heinrich von (1834–96), 27
Tributação, 66, 67, 68, 69, 72, 80
Trótski, Leon (1877–1940), 71
Tucídides (471–400 A.C.) 79, 108

U
Umbros 28
Um estudo da história (Toynbee), 75

V
Vândalos, 28
Varangianos 28

Veneza, 15, 99
Vestfália, 70
Vico, Giovanni Battista (1668–1744) 94
Vinci, Leonardo da,
ver Leonardo da Vinci,
Virgílio (70–19 A.C.), 56, 94
Voltaire (Francois-Marie Arouet; 1694–1778), 23, 43, 52, 56, 83, 99, 108, 110

W
Wagner, Richard (1813–83), 27
Wang An-shih (primeiro-ministro 1068-85), 68, 69
Wang Mang, imperador da China (r. 923), 67, 68
Watt, James (1736–1819), 44
Wittenberg, Universidade de, 42
Wright, irmãos, 37
Wu Ti, imperador da China (r. 140–87 A.C.), 67, 68

Z
Zoroastrismo, 48

ASSINE NOSSA NEWSLETTER E RECEBA
INFORMAÇÕES DE TODOS OS LANÇAMENTOS

www.faroeditorial.com.br

ESTA OBRA FOI IMPRESSA
EM MARÇO DE 2025